企业形象设计

第二版

主　编　杨武生

副主编　张　芸　杨　丽　夏　佳

参　编　汪　澜　陆斐然　陈　君

　　　　姜　茜　权凌枫　陶　莎

高职高专艺术学门类
“十四五”规划教材

职业教育改革成果教材

U0959046

A R T D E S I G N

華中科技大學出版社
http://www.hustp.com
中国·武汉

内 容 简 介

本书在对CI概念全面解析的基础上，将重点置于如何利用VI视觉识别系统来分解企业理念，贯彻企业行为，塑造企业品牌形象，以全新的视角打破传统VI课程只单独依靠操作程序、操作格式的解释，将VI设计手册的设计规划置于以塑造品牌形象为主导的整体企业经营中，让学生把握品牌概念、强化品牌策划、注重实用性与实践性，突出草图训练及方案设计，从整体性出发使其富含变化，在设计中强化新的思维方式。

本书从数以千计的最新CI设计案例中筛选出符合设计教学需要的案例，能够给有志于从事CI设计事业的同行们一种启迪，带动大家将具有形式美感的企业形象设计与商业定位有效融合，以适应当下迅速发展的市场需求。

本书主要面向高职院校视觉传达设计专业的学生，相关专业从业者及企划人员。从建立品牌形象的角度出发，解读视觉识别系统概念与设计实践方法。对于概念的描述更注重实践的具体应用，在介绍相关设计时，分析、描述设计者的创作思路、表现手法、点面结合，全面阐述视觉识别设计的要领，培养学习者的实践操作能力。

图书在版编目(CIP)数据

企业形象设计/杨武生主编. —2版. —武汉：华中科技大学出版社，2021.5(2026.1重印)
ISBN 978-7-5680-7088-1

Ⅰ.①企… Ⅱ.①杨… Ⅲ.①企业形象-设计-高等职业教育-教材 Ⅳ.①F272-05

中国版本图书馆CIP数据核字(2021)第072035号

企业形象设计(第二版) 杨武生 主编
Qiye Xingxiang Sheji (Di-er Ban)

策划编辑：彭中军
责任编辑：张 娜
封面设计：优 优
责任监印：朱 玢
出版发行：华中科技大学出版社(中国·武汉) 电话：(027)81321913
武汉市东湖新技术开发区华工科技园 邮编：430223
录 排：华中科技大学惠友文印中心
印 刷：武汉市洪林印务有限公司
开 本：880 mm×1230 mm 1/16
印 张：7.5
字 数：243千字
版 次：2026年1月第2版第6次印刷
定 价：49.00元

華中出版

本书若有印装质量问题，请向出版社营销中心调换
全国免费服务热线：400-6679-118 竭诚为您服务

目录
Contents

Qiye Xingxiang Sheji

第一章

企业形象概述

第一节 CI设计的概念

CI是英语 corporate identity(企业形象)的缩写。根据《朗曼现代英语词典》,CI就是把许多个体组合在一起形成一个整体。CI设计是将企业的理念、经营方针、开发、生产、商品流通等企业经营的所有因素,从信息这一观点出发,从文化、形象、传播的角度来进行筛选,找出企业所具有的潜力,找出其存在的价值,加以整合,使之在信息化的社会环境中转换为有效的标志,这种开发以及设计的行为就是CI设计。

企业形象并非一个新概念,其发展已经经历了一个很长的时期。在经济高速发展、竞争日趋激烈的今天,逐渐形成了以信息价值为主的新的价值体系。消费者在决定购买商品时,商品所传递出的"信息价值"比它的"物质价值"显得更为重要。现代的消费者具有审美能力与比较能力,能从美中找出信息价值,并将其认定为商品和企业的形象,进而作为消费的重要判断基准。消费者的价值基准已经从物质价值向信息价值转变,而CI能够满足消费者对美的、精神的、文化的欲求。作为企业的存在基础,CI确实称得上是信息化时代的经营战略,CI被视为现代企业发展的重要战略之一已是世界的共识。有人说,对处于竞争时代的企业而言,企业的形象在很大程度上就是竞争力的体现,世界上越来越多的企业实施企业形象建设的成功事实便是有力的证明。

18世纪以后,随着工业化程度的不断加深,企业之间的竞争也日趋激烈。由于产品用机器批量生产,一经设计定型,投入生产便很难随意改变,因此在这以后,企业的经营理念有两个明显的变化。一个是加强管理在整个生产过程中显得十分重要;另一个是随着原有的销售方式逐步被淘汰,仅以商标为主的宣传和设计也逐渐失去了魅力,企业经营者和设计师都在思考和寻找新的塑造企业形象的方法。1907年,德国现代设计的重要奠基人彼得·贝伦斯为德国通用电器公司(AEG)设计出西方最早的完整的企业标志和企业形象,这是现代企业形象设计系统化的开端。但是德国很快就卷入了第一次世界大战,企业忙于生产军事设备,因此这个设计的探索没有继续发展下去。

经过第二次世界大战,欧洲经济亟待复苏,美国却迎来了前所未有的经济发展的良好环境。随着战后复兴计划的实施,消费品的生产开始蓬勃发展起来。消费品生产必须注意产品造型的吸引力,并改进原有的销售手段,以便在市场竞争中取得成功。这种情况造成战后设计的大发展,无论是建筑设计、工业产品设计还是平面设计,都得到了较快的发展。企业界普遍认识到"好的设计就是好的销售"这个市场竞争的基本原则。美国社会学家在20世纪50年代末就提出了"后工业社会"的概念,政府已经意识到工业社会向"知识就是资本"的信息社会的转变。美国国际商用机器公司(简称IBM)一直被认为是在早期成功进行企业形象设计的典范。它激发了许多美国的先进企业着手进行企业形象设计,如美孚(Mobile)石油公司、西屋电器、万宝路等。1970年,可口可乐公司革新了世界各地的可口可乐标志后,著名的3M公司,各大航空公司、银行、连锁店、克莱斯勒等都竞相效仿,从而在企业界掀起了企业形象设计的第一次浪潮。

日本从明治维新开始引进欧美科技,在美国的人力及财力的支援下,日本这个第二次世界大战的战败国成了世界上最大的电器、汽车输出国。20世纪50—70年代,是美国企业形象设计的繁盛时期,日本的企业形象设计才开始起步。日本的TDK、伊藤荣堂、MAZDA等企业进行企业形象设计,它们所做的只是将企业的标志进行标准化、规范化，使之能在大到高楼大厦，小到名片、信封上都遵循一种规范，起到统一视觉效果的作用。实际上，这便是初步的视觉识别系统设计。与此同时，这种全面的标准化操作却意想不到地带来了管理效率的提高，以低成本、高回报的优势在日本的企业界得到了进一步发展，最终形成非常完善的系统。这种统一化在物资还不是非常充足的情况下可以取得规模效益，并且能够将企业的产品在外观上和其他企业的产品区别开来。

中国的企业形象设计是从台湾开始的。20 世纪 80 年代中期，企业形象设计伴随着改革开放的浪潮传入中国，刚开始是以理论的形式作为学术教材引进，没有走向社会与企业相结合，因此没有产生很大的反响。一直到 20 世纪 80 年代后期，随着我国计划经济向市场经济的转轨，以及市场的发展、社会和经济的发展与竞争的需求，企业和社会的发展要求企业形象设计走出艺术院校的殿堂，与企业经营管理结合，为塑造企业形象服务。

中国广东在改革开放的潮流中迅速发展，企业导入和实施企业形象设计成为迫切的需要。1988 年，中国设计界创立了首家以企业形象设计为经营理念的私营设计机构——广东新境界设计公司，接受广东太阳神集团公司的委托，创意、策划、设计“太阳神”企业形象系统。太阳神集团公司借着企业形象设计实施经营管理的软控制，并通过大众传播媒介推出各种专题活动和有特色的系列广告，迅速提高了知名度，在公众中树立了良好的企业形象，赢得了消费者的信任，以惊人的速度占领并覆盖了市场，从一个 20 世纪 80 年代还在乡镇里默默无闻的小厂，发展成为一个从饮料拓展至食品、药业、房地产、贸易等经营领域的集团公司，营业额由 1988 年的 520 万元增至 1990 年的 4 000 万，1991 年营业额达到 8 亿，1993 年营业额神话般地超过 12 亿。太阳神集团公司导入企业形象设计系统之后取得了巨大的成功，立即引起企业界和新闻界的重视。

此后，企业形象设计开始被中国企业家逐渐认识，同时，设计界也由单纯的工艺制作跃升到市场策划的重要地位。较早导入企业形象设计系统的企业还有深圳丽斯达，广州的名格、浪奇、科龙、华帝，浙江的康恩贝，都取得了成功。随后，导入企业形象设计系统的热潮由南向北、由东向西逐步推开，这一浪潮的登峰之作，便是秦池集团以破天荒的 3.2 亿一举夺得中央电视台黄金时段的标王。此时的企业形象设计已经与原来的初衷相去甚远，一些企业认为只要做个好广告，起个响亮的名字，就可以让企业起死回生，获得收益。

到了 20 世纪 90 年代中后期，随着广东巨人、山东三株、无锡多宝等集团的纷纷破产，许多企业家开始发现，单一的企业形象设计不能解决企业的发展问题。因此，一些企业家开始静下心来，思索企业未来的发展之路，探寻有中国特色的企业形象设计。

进入 21 世纪以来，企业形象设计在经历了数年的沉寂、徘徊和摸索后，突然取得爆发性的进展，表现为：随着信息技术和大众娱乐方式的迅猛发展，企业形象设计的表现形式发生了质的改变，开始由二维平面向三维立体方向转移，有的企业甚至还采用声音、动画和网页等共同作用的形式来传递企业形象。尤其是近几年来，国内外许多企业相继变更了代表其企业形象的核心——视觉符号企业标志。于是，企业形象设计进入了另一阶段——现代企业形象设计阶段。

这些企业根据市场竞争的需要，从不同方面对自己原有的企业形象进行了更新或改良。有的更换了企业名称，有的采用新的标志，还有的启用新的形象代言人、调整产品包装等。甚至连许多世界 500 强的企业，也都举起了变更的大旗，诸如旗下产品包括万宝路、卡夫、奥利奥食品等的菲利浦 · 莫里斯公司，可口可乐公司、索尼、联合利华、IBM 和联邦快递等。另外，一些明星级别的国内企业，如联想、夏新、易趣、万科、海尔等也成了这股企业形象变更潮中不可小视的力量。从这些企业的一系列形象变更当中不难看出，企业形象设计在与同行业相区别、塑造新形象、打败对手中起到了十分重要的作用。

万宝路的金字招牌每年可以给万宝路企业带来 30 亿美元的收入，全球销量第一的万宝路牌子其价值已达 200 亿美元。可见品牌有着沉甸甸的含金量。它塑造的马和西部牛仔的品牌形象长久以来始终如一地表现着自由、奔放、粗犷、豪迈，这种形象使商品具有了某种强烈的精神性内容，让消费者相信抽万宝路香烟能获得一种特殊的东西。万宝路 CI 设计中体现的优秀产品文化为集团创造了辉煌而持久的经济效益。除此之外，百威啤酒、雀巢等世界级品牌，它们在 CI 设计中灌注的经典企业文化也是一种无形的资产。

第二节
CIS 构成要素及相互关系

CIS，即企业形象识别系统，主要有理念识别(mind identity, MI)、行为识别(behavior identity, BI)和视觉识别(visual identity, VI)，三者有机整合成一个完整体。在实施过程中，如何既有统一的系统，又有丰富的变化是问题的关键，也是企业在激烈的市场竞争中针对自己所处经营状况和营销环境而采取的一种积极的应对之策。

1. 企业理念识别

从理论上说，企业的经营理念是企业的灵魂，是企业哲学、企业精神的集中表现，也是整个企业识别系统的核心和依据。企业的经营理念要反映企业存在的社会价值、追求的目标，以及企业经营策略等内容，通过尽可能简明确切的、能被企业内外乐意接受的、易懂易记的语句来表达。理念识别在企业品牌形象塑造中起着引导与带领作用，一般来说，理念识别主要隐含于企业的行为识别与视觉识别之中。

2. 企业行为识别

企业行为识别的要旨是企业在内部协调和对外交往中应该有一种规范性准则。这种准则具体体现在全体员工统一规范的日常行为中。也就是说，员工的行为举动，哪怕是在微博上的一句评论，都应该是一种企业行为，能反映出企业的经营理念和价值取向，而不是独立的随心所欲的个人行为。行为识别需要员工在理解企业经营理念的基础上，把它变为发自内心的自觉行动，只有这样，才能使同一理念在不同的场合、不同的层面具体落实到管理行为、销售行为、服务行为和公共关系行为中。企业的行为识别是企业处理和协调人、事、物的动态系统。行为识别的贯彻，对内包括新产品开发、人事分配以及文明礼貌规范等；对外包括市场调研及商品促销，各种涉外事务及公关准则，与金融、上下游合作伙伴和代理经销商的交往行为准则。

3. 企业视觉识别

任何一个企业想宣传自己的企业形象并广泛地传播给社会大众，从而塑造可视的企业形象，都需要依赖传播系统，传播成效的大小依赖于符号系统的设计能否被社会大众辨认与接受，并能否给社会大众留下深刻的印象。符号系统中的基本要素都是传播企业形象的载体，企业通过这些载体来反映企业形象，这种符号系统可称作企业形象的视觉识别系统。VI 系统是一个严密而完整的符号系统，它的特点在于展示清晰的“视觉”结构，从而准确地传达独特的企业形象，通过差异化面貌的展现，达成促使消费者认识、识别的目的。在互联网时代的今天，人们对于视觉的依赖比任何一个时代都显得更加特别与突出，视觉审美疲劳也因此产生，人们在商场面对琳琅满目的商品时更易于被那些图形简洁、色彩鲜艳、包装奇特的商品所吸引。

VI 包括以标志为根本的基础要素和应用要素两大部分。其中，基础要素包括标志、标准色、标准字体、辅助图形、要素组合等项目，应用要素包括办公系统、环境展示、导示系统、服装系统、交通工具、广告宣传、礼品等项目。

案例分析1-1

宝洁公司的海飞丝、飘柔、潘婷、沙宣和伊卡璐这五种洗发水的形象设计，在广告语的设计中得到了充分表现。海飞丝强调去屑——“头屑去无踪，秀发更出众”，轻松洒脱是海飞丝的“差别性”特点；飘柔强调对美好生活的向往——“头发更飘、更柔”“用飘柔，就是这么自信”，自信是飘柔的“个性”特点；潘婷致力于健康头发的护理——“拥有健康，当然亮泽”，健康是潘婷的“不同”特点；沙宣强调自己的前卫个性——“我的光彩来自你的风采”，年轻、时尚是它的“排他性”特点；伊卡璐则将重点定位在天然芳香上——“悦享受，悦快乐”，自然是伊卡璐的“差异性”特征。这五个子品牌能够将产品的特点与消费者的个性喜好和谐地结合起来，形成一个整体的形象，让“亲近生活，美化生活”这一企业形象更加突出，从而使宝洁公司能迅速占领中国的洗护市场。

课后练习

收集 CI 设计案例 5 个，根据不同类型进行分类整理，选出 3 个有代表性的案例进行分析，提出个人观点，并写出一份完整的市场调查报告。

Qiye Xingxiang Sheji

第二章

CI设计的基本原则及功能

第一节 CI设计的基本原则

CI战略策划涉及企业经营的诸多方面，是企业总体发展战略的有机组成部分，因此，对企业形象的谋划与设计，必须配合和协同企业的总体发展战略，遵循民族性、统一性、连贯性、差异性、有效性、战略性和动态性等基本原则。

一、民族性

“只有民族的，才是世界的。”没有民族的文化内涵做支撑，是无从谈及创造世界认同的企业形象的。由于各个民族的历史和文化背景不同，在思维模式、语言、审美观念上存在着差异，因而在设计时唯有考虑民族特色，才能被国人所认同，进而赢得世界的认同。不同的经济生活、政治状况、地理环境和历史文化传统，构成了不同民族的生活方式、思想感情、心理结构、个性气质、习惯爱好、审美要求等，反映在设计上必然形成不同的民族风格。民族性是民族特有的经济、文化、思维方式、心理结构等长期积淀下来的产物，是每个民族在长期的社会实践和艺术实践中逐渐形成的。

纵观美、日等国的世界著名企业的崛起，其根本的驱动力是其民族文化。正如美国企业文化研究专家肯尼迪所指出的那样：“强大的文化几乎是美国企业持续成功的内部驱动力。”享誉世界的麦当劳和肯德基的独具特色的企业形象，展现的就是美国快餐文化的生活方式，而松下电器则展示了日本家族企业的经营特征。

二、统一性

为了达成企业形象传播的一致性与一贯性，运用统一设计和统一大众传媒，用完美的视觉一体化设计，将信息与认识个性化、明晰化、有序化，使各种形式传播媒体上的形象统一，创造出能储存与传播的统一的企业理念与视觉形象，这样才能集中强化企业形象，使信息传播更为迅速有效，给社会大众留下强烈的印象，产生影响力。对企业形象识别的各种要素，从企业理念识别到视觉识别予以标准化，采用统一的规范设计，对外传播均采用统一的模式，并坚持长期一贯的运用，不轻易变动。

CI设计的统一性表现在两个方面：一方面是CI的理念识别系统、行为识别系统和视觉识别系统三者的内在统一；另一方面是CI的视觉一体化设计，把品牌和企业形象之间不统一的因素加以调整。品牌、企业名称、商标名称应尽可能统一，给人以统一的视听印象，即在各种应用载体与不同媒体形式中均呈现统一、关联的形象设计，将分散、多样的推广手段通过统一的视觉形式划归为一个整体，形成视觉合力，从而强化品牌形象的记忆，提升信息传播效率。统一性原则的运用能使社会大众对特定的企业形象有一个统一完整的认识，不会因为企业形象识别要素的不统一而产生视觉上的障碍，从而增强企业形象的传播力。

案例

惠灵顿是往来南北二岛的交通枢纽,惠灵顿也是世界最佳深水港之一。在海洋性气候的影响下,这里天气暖和,阳光充沛。由于惠灵顿濒临海湾,加之地势较高,时常受到海风的侵袭,一年之中大部分时间都刮风,因而有“风城”之称。惠灵顿机场的标志设计从风这一特点出发,设计出的标志具有风一样的动感。

三、连贯性

连贯性的基本原则是指时间上的长期性和运作上的一致性。CI 的导入和实施是长期性的企业形象战略,不是一朝一夕能奏效的,往往需要较长时间才能完成和呈现出效果。CI 战略的投资属于延期收入资产投资或固定资产投资,是一种软投资,不是短期便可收回成本的,通常是投资数年才会开花结果。

CI 战略的实施是一个不断持续的过程,持续时间比较长,因此在实施的各个阶段必须保持前后运作的一致性,切不可随心所欲地变动或更改,否则势必破坏企业形象的统一性,造成理念上和视觉形象上的混乱,最终前功尽弃。企业在准备实施 CI 战略时,选择真正具有策划设计实力的机构或个人,是十分关键的。CI 设计是企业发展的一笔必要的软投资,是一项十分复杂而耗时的系统工程,是需要相当多的经费的。

要保证 CI 战略的有效性,一个十分重要的因素是企业领导者要有良好的经营意识,对企业形象战略也有一定的了解,并能尊重专业 CI 设计机构或专家的意见和建议。后期的 CI 战略推广可能要投入更多的费用,如果企业领导者在实施 CI 战略的必要性上没有十分清晰的认识,不能坚持推行,那前期的策划设计方案就会变得毫无价值。CI 战略是一项长期发展的战略。要树立一个成功的品牌形象,就要求在长期执行过程中严格遵照 CI 战略要求,坚守原则,严谨、严密、一丝不苟,保持一贯风格。

案例分析2-1

成立于 20 世纪 50 年代的中粮集团,是中国最大的粮油食品进出口公司和实力雄厚的食品生产商,享誉国际粮油食品市场,在农产品贸易、食品生产加工、生物能源开发、地产、物业、酒店经营及金融服务等领域成绩卓著。1994 年以来,中粮集团一直位列《财富》世界 500 强企业。

中粮集团的新标志为立体六角形。图标主体由天、地、生命三部分组成,充分表达了中粮“尊重自然规律,善用自然的力量,致力于创造人与自然、人与人之间的和谐,以自然之源,塑造自己,塑造生活,塑造人类社会”的品牌理念。标志的上部代表广阔的天空,也象征人类更广阔的未来及中粮的发展和上升的空间。阳光耀眼夺目,发射出无穷的光、热和力,它代表自然的力量,也象征中粮的市场影响力和热烈的企业文化。标志的下部代表丰收的土地,在阳光普照下盎然生机。土地的肥沃因阳光的照耀而愈发鲜活,象征中粮的深厚底蕴、中粮人的宽广胸怀和满腔热情。标志的中部犹如早春的叶子,又似手牵手、心连心的人们。它代表人在自然的围绕中,和谐共生,健康向上,又象征中粮的团队精神,反映中粮人的使命感和凝聚力。标志的颜色:梦想蓝、喜悦橙、青春绿。

四、差异性

企业形象为了能获得社会大众的认同,必须是个性化的、与众不同的,因此差异性原则十分重要。差异性首先表现在不同行业的区分,不同行业有其不同的形象特征,如化妆品行业与机械工业行业的形象特征是截然不同的。其次,必须突出与同行业其他品牌的差别,通过捕捉与众不同的个性,将个性放大,使其在众多竞争者中脱颖而出,从而真正实现品牌的识别与区分。

五、有效性

有效性是指企业经策划与设计的 CI 能得以有效的推行与运用,CI 是用来解决企业发展问题的,不是企业的装扮物,因此应该是能够操作和便于操作的,其可操作性是十分重要的问题。

企业 CI 战略要能够有效地发挥树立企业良好形象的作用,首先在于其策划设计必须根据企业自身的情况、企业的市场营销定位,在推行企业形象战略时确立准确的形象定位,然后以此定位为基础来制定发展规划。协助企业导入 CI 战略的机构或个人负有重要职责,一切必须从实际出发,不能一味地迎合企业领导人的一些不切实际的想法。

CI 的策划设计必须立足企业自身的情况,从实际问题与需求出发,避免教条僵化、空洞无用的设计。

六、战略性

CI 是企业参与市场竞争的一种战略手段,是一项富于谋略、注重技巧、长期艰巨的任务。企业应该将 CI 战略提升到企业发展战略的高度,以品牌塑造为目标,在策划、设计、导入的过程中贯穿始终。

七、动态性

20 世纪末,数字化媒体开始出现,社会环境也发生变化,电脑技术在设计上的广泛应用挑战着传统企业形象设计的表现形式,同时也充实着设计的外延。多元化的企业形象设计观念暗示着新的设计表达方式将要打破传统的企业形象设计门类的界限,让设计成为一种能够融合多种学科的载体。在 Flash 等简单而好用的动画软件出现后,各种动画形式的企业形象设计面世,许多设计师已经不再满足于原有企业形象设计仅局限于平面和静态的状况,有的设计师开始在平面媒体上表现超平面的动态效果。企业形象设计打破了“静”的传统,逐步开始“动”了起来。许多企业的形象设计也开始打破传统规则,在静止的二维平面中加入“时间”和“表情”,体现出丰富和灵活的个性特征。耐克、索尼等公司设计的新形象更进一步证明了企业形象设计由传统的静态向现代的动态发展的新走向。

第二节
CI 设计的功能

CI 设计的功能分为内部功能和外部功能。

一、CI 设计的内部功能

1. 凝聚功能

从企业角度讲，导入 CI，树立一个良好的企业品牌形象，会使公司内部产生一种凝聚力，将公司上下所有职工的聪明才智融合起来，共同提高企业内部的管理效率，在日常管理中能够时刻体现公司的经营理念，从而获取更大的企业利润。

从产品角度讲，整合形象，将复杂、松散的单个产品团结为紧密、有序的产品"家族"，在市场销售中能够产生鲶鱼效应，有效地增强产品的竞争力。

2. 整合功能

CI 建立了一个客观的约束机制，将原本分散的个体通过制度规则划归到一起，在产品价格、销售对象、销售区域等方面令各个子公司、子产品联动起来，彼此协作与支持，成为一个有序的整体。

3. 规范功能

CI 所构建的统一化形象规范了企业多个环节的运作，有效地提高了企业、品牌的管理效率，避免了不良操作情况的发生。

4. 增值功能

CI 所打造的品牌是一种无形资产，品牌本身可以作为商品被买卖。随着品牌的成长，品牌的知名度、美誉度、忠诚度不断提高，品牌的价值也随之增长。品牌成为企业的"聚宝盆"，为企业带来取之不尽、用之不竭的利润。

二、CI 设计的外部功能

1. 识别功能

CI 有效的识别功能是其最基本、最原始的功能。CI 独创性设计的目的就是让企业的产品与其他同类产品区别开来，从而帮助消费者减少在选购商品时所花费的时间与精力。

2. 传播功能

企业借助 CI 构建的鲜明视觉形象向社会公众进行推广和传播，争取受众的关注与信赖，从而提高品牌的认知度与美誉度，并最终增大品牌所占据的市场份额。在物质化时代，传播主要通过消费者的口口相传；在非物质化时代，传播功能则主要依赖传播媒体的不断跨界而衍生出的交互功能，消费者在消费产品的同时也参与了企业形象的建设与传播。

3. 促销功能

消费者的购买行为首先表现为有差异性的比较、选择和有效地区分品牌，良好的、符合受众兴趣偏好的品牌形象，将最终影响消费者的购买行为。促销功能是企业形象设计的基本准则，任何一个企业形象在设计之初都必须仔细考虑如何在市场销售中实现价值最大化，这一价值的具体体现即是产品的销售额是否在新的形象设计出来后变得更大。

4. 保护功能

CI 的实施及品牌形象的树立会留给社会公众诚信与安全的良好印象，因为品牌商标经注册后受到法律保护，企业可以规避商标侵权的风险，消费者遇到产品质量问题时也可以溯本求源，追究品牌经营者的责任。从这个角度讲，CI 保护了企业与消费者双方的利益，构建出一种和谐的社会关系与商业环境。

课后练习

收集三个近五年来比较成功的 CI 设计，分析这些 CI 设计中的理念识别、行为识别和视觉识别的相互关系，体会传递企业信息的各种视觉表达形式。

Qiye Xingxiang Sheji

第三章

CI策划和设计

第一节 CI 战略的价值和动机

一、企业形象价值

经济学家对"形象"这种难以用确切的数据来描述却又常常暗中影响着市场销售的因素深感头痛。有人认为，在人们的购买行为中，商品形象起着决定性的作用。绝大多数的购买冲动，主要源于吸引消费者的商品形象，然后消费者才会考虑价格、品质、功效等其他因素。如果这些因素都被冲动驱使下变成理智接受，那么这种一时兴起的购买欲望就会变为购买行为，这是商家最愿意见到的结果。在这里，形象与价格、品质、功效等比较容易量化的因素相比，具有一定的模糊性，它似乎只是一种印象，有时候还难以捉摸。而大多数的购买行为就是如此，就是被这类难以捉摸的因素驱使，或许当消费者将一切都看得明明白白的时候，购买的热情也会随之消失。

一个良好的企业或者品牌形象，一旦在消费者头脑中扎下了根，这种难以量化的因素所发挥的作用简直无法估量。良好的企业形象在博得大家好感的同时，使企业容易顺利开展工作，推出的新产品也容易被大家接受，一旦工作有了成效，更容易获得较高的评价。反之，形象不好的企业和品牌，哪怕做出了改进或者做出了成绩，也会在相当长的时间内招致怀疑的目光。

拥有良好企业形象的企业在遭遇困难、工作失误的时候，容易得到大家的谅解和帮助，在时间上会产生一个缓冲带，在空间上会减少损失的程度和波及的范围。

良好的企业形象，使企业的产品在与其他同类产品竞争时，显示出明显的优势：在相同的机会下，会获得消费者的优先考虑；在相同的价格下，会赢得消费者的优先选择；在相同的环境下，会得到消费者的格外关注。

同时，塑造一个良好的企业形象需要做方方面面的工作。在一般情况下，我们将其归纳为两个方面：对内增强员工的凝聚力，对外博得大众的好感。然而，一个企业在实际的经营过程中，需要与上下游各行各业打交道，有一个形象展示的问题，要让合作的各方对自己的形象达成共识。

可见，企业形象已经开始逐渐摆脱笼统、模糊的概念，可以细分，也可以综合。企业形象的受众，不是听凭片面感觉，也可以细化区分为各个领域、各个阶层。形象的概念得到深化，这就为导入 CI 时的各项调查提供了基础。

二、导入 CI 的动机

1. 新企业成立

新企业成立是企业导入 CI 的第一个时机。刚成立的企业，一切从零开始，新企业可能没有任何知名度，通过 CI 可集中资源，集中视觉焦点，快速建立品牌形象。在当前的市场背景下，新企业都有导入 CI 的必要性。相当比例的 CI 导入属于这类情况。

2. 企业变更名称

随着企业的发展，经营范围的扩大、产业的不断延伸、企业法人的变更等因素都可能带来企业名称的变更，企业理念也随之发生改变。这时导入 CI，重新诠释品牌的新内涵，让受众认知、了解到企业更名后的定位是很有必要的。

3. 企业并购、重组

为了谋求更加长远的商业利益，企业间可能会发生并购、重组。并购、重组后的企业面临业务多元化的局面，原来的识别系统无法适应新的形势，受众也容易混淆认知，非常不利于企业的发展。这时导入新的 CI，消除企业间在文化上的差异，丰富品牌的内涵，有助于凝聚企业的内聚力，推动企业向着共同的目标前进。

4. 新产品研发上市

新产品的研发是现代企业经营不断成长的动力。对于消费品生产制造企业，同受众直接联系的是它所推出的产品，企业形象通过产品的质量与服务来体现。新产品上市，正是导入 CI 的最佳时机。品牌借助产品推广促销的强大声势，迅速树立起产品形象。成功的产品形象的塑造有利于企业形象的提升。值得注意的是，将企业品牌与产品品牌进行合并，已成为现代生产型企业品牌结构调整的主流趋势。

5. 企业扩张、多元化经营

随着企业的不断发展壮大，规模较大的企业朝多元化的经营目标迈进。这个时候，企业的产业结构发生改变，使得原有的企业标志、名称等信息出现与现在企业的性质、经营内容不相符合的现象。因此，企业必须开发新的 CI，以建立既能符合企业实况又能契合未来发展的识别系统，统合新产业与企业本体的关系。

6. 实施国际化战略

随着全球经济一体化进程的加快，企业要发展壮大，必须打开国际市场，实施国际化战略。原先以国内市场为主的视觉识别系统不足以应付国际市场经营的需要。国际化的品牌形象要以国际市场中的消费受众的审美判断为标准，符合国际化运作规则，对原有 CI 的修正或改变势在必行。

7. 经营理念、企业机制改变

在企业发展过程中，为了跟上时代步伐，改变经营机制、调整经营理念等常有发生。比如，国有企业向民营企业的转变就是典型的例子。借着重整经营理念、重新再出发的时机，引进 CI，有象征企业求新求变的实际意义。

8. 竞争品牌差异性不明确时

现代商业竞争中，产品的品质与价格同质化现象愈演愈烈，产品的差异性愈发模糊，加之一些品牌“跟风”“效仿”的取巧做法，导致消费者在识别与认知上产生极大的疑惑，优势产品遭遇极大威胁，品牌发展陷入窘境。此时,重新导入CI,拉大品牌间的差异,塑造个性、独特的企业识别形象,可帮助品牌解除困扰,增强市场竞争力。

9. 企业宣传工作混乱、有分歧时

随着企业产品种类的增多,若企业内部疏于管理与监控,会导致包装广告的形象不一、推广宣传思路混乱等纷乱、繁杂的局面,这将严重危害品牌形象的整体塑造。实施CI,可健全企业内部管理机制,统一企业对外信息的传达。

第二节
CI现状评价和市场定位

在明确了企业导入CI的动机与时机,即找到了问题的切入点后,下一步的工作便是评价企业的现状,即对企业的内部和外部展开科学、全面的调研,在充分掌握信息的基础上加以分析,准确获得企业的实况,CI策划据此展开。

一、CI现状评价

1. 自我评价

企业形象的自我评价需要从企业决策层和一般员工层两个层面进行。在决策层面上,主要了解他们对企业形象的期望水平和具体要求;在一般员工层面上,通过与员工座谈、发放问卷等,了解广大员工对企业的凝聚力、忠诚度、满足度、权利要求、批评建议,以及他们对企业形象状况的评价。

企业形象的自我评价通过对企业形象各要素的详尽分析来进行。通过对各形象要素的分析整理,将企业形象归纳为几大层面,再从结论中看清自身、发现问题。好的企业形象的自我评价结论有以下几点。

(1)技术形象:技术优良,研究开发力旺盛,对新产品的开发很热心。

(2)市场形象:认真考虑消费者问题,对顾客的服务很周到,善于宣传,销售网络相当完善,国际竞争力强。

(3)未来形象:具有未来性,形象积极,合乎时代潮流。

(4)公司风气形象:具有清洁的形象,具有现代感,公司风气良好,公司成员和蔼可亲。

(5)外观形象:具有信赖感,稳定性强,具有传统性,企业规模大。

(6)经营者形象:经营者具有优秀的形象。

2. 公众评价

企业形象调研的重点是调查公众对企业的认知、态度和印象,从而得出企业形象在公众心目中的地位。企业形象的公众评价有两个指标,即知名度和美誉度。

所谓知名度，是指公众了解企业的百分比。非常了解企业的百分比，指了解企业的全面情况，如企业规模、经营内容和经营现状等。大致了解企业的百分比，指知道企业名称、企业商品和服务的大致情况。对企业略有所知的百分比，指知道企业名称和经营方向。听过企业的百分比，指仅知道企业名称。对企业一无所知的百分比，指从来就不知道该企业的存在，对企业没有任何印象。

所谓美誉度，是指企业获得公众信任的程度。对企业美誉度的调查，就是让受众对企业的综合印象打分，可分为最好的、好的、较好的、差的、较差的、很差等几个层次，或者分为一流的、二流的、三流的和不知道的几个层次。

3. 形象差距

将企业的实际形象与自我期望形象进行比较，明确差在什么地方，差距有多大，从而找到企业未来形象建设工作的重心与努力方向。

当下的市场环境中，企业众多，品牌云集，产品趋同。在这样的背景下，企业形象若没有“识别性”是很难发展的。同时，处于买方市场条件下，消费者成为主角，品牌形象应该反映消费者的普遍预期，契合消费者的主观兴趣与喜好。因此，品牌形象一定要突显“个性”，方能取胜。通过形象定位，将个性放大，品牌的识别性由此树立起来。定位应讲求策略技巧，除了要寻找一个适当的、被认同的位置点，即把握定位的准确性与合理性，更应在识别性上准确定位，即捕捉差异性的优势点。失之毫厘，谬之千里，定位的准确与否，直接影响到 CI 未来执行效果的好坏。

二、CI 市场定位

1. 形象定位

1)领军者形象

强化自身是同行或同类产品中的领军形象，拉大竞争差距，保护首席地位。

2)挑战者形象

企业将自己设定在挑战者的地位，就是要站在和领军者对立的位置上，通过与竞争对手的客观比较来确定自己的定位，也可称为排挤竞争对手的定位。企业针对对手的弱点展开进攻，贬抑对手形象。

3)攀附者形象

攀附名牌，效仿成功案例，尾随其后，以沾名牌之光使自己的品牌获得好处，是一种稳妥、取巧的策略。

4)补缺者形象

企业寻求市场上尚无人重视或未被竞争对手控制的领域。

2. 类别定位

类别定位就是与竞争对手划清界限，表明自身所属的类别，区隔出不同，展开错位竞争。同行不同类，优势特点不一样，没有可比性。

1)专业化形象

强调专业度高、主题性强。

2)全能型形象

体现多元化、集团化、多样性,综合实力强。

3)另类一族形象

特色鲜明、个性突出、独辟蹊径的商业模式。

案例分析3-1

茅台酒是世界三大名酒之一,是我国大曲酱香型酒的鼻祖,1915年,茅台酒荣获巴拿马万国博览会(全称是“1915年巴拿马——太平洋国际博览会”)金奖,享誉全球。茅台集团根据消费者不同层次的需求进行了产品细分,推出了茅台王子酒、茅台水立方酒、茅台迎宾酒、茅台婚庆酒、茅台金榜题名酒等,以此来扩大企业的品牌影响力;并通过赞助各种比赛来提高企业的知名度,2012年更是借助“国酒”这一名称来推动自己的品牌建设。

3. 档次定位

按照品牌在消费者心中的价值高低将品牌分出不同的档次,如高档、中档和低档,不同档次的品牌带给消费者不同的情感体验和心理暗示。

1)物美价廉形象

塑造物超所值、物美价廉的品牌形象,以低价格取胜。

2)中价位形象

高品质、中价位的产品市场的吸引力也很大。

3)极品价位

高档次定位一流,打造极品形象,通过高价位来体现品牌购买者的身份与地位。

4. 利益定位

利益定位就是根据产品的优势利益点进行定位,此种手法在消费品形象定位这一环节应用得很普遍。值得一提的是,一次只向消费者承诺一个利益点,进行单一诉求,更能突出特点,获得成功。

5. USP 定位

USP 定位也属于利益定位,区别在于产品利益的独特性是竞争对手所不具备的、较为独特的且最符合消费者需要的部分。

6. 文化定位

将文化内涵融入品牌形象,形成品牌的人文特色,这种文化定位不仅使品牌形象独具特色,更可大大提高品牌的品位,借文化的感召力赢得口碑。该定位策略巧妙地用文化的外衣掩盖了商业目的,比较讨消费者的喜爱。

7. 性格定位

该定位直接以特定消费群体为诉求对象,突出产品专为该类消费群体服务,以此来获得目标消费群体的认同。把品牌与消费者结合起来,有利于增强消费者的归属感。因此,年轻具有活力的形象、自由不羁的形象、低调稳重的形象，这种拟人化的品牌形象实际上就是捕捉了各类消费群体的特点。

8. 情感定位

该定位赋予品牌一定的情感，唤起消费者内心深处的认同和共鸣，或者是捕捉消费者的心理特点，引发一定的心理联想。比如，浪漫、谦和、朴实、高贵、可靠的品牌形象，给人以鲜明、深刻、强烈的情感刺激，感染力也会很强。

第三节
CI 设计开发程序

一、导入 CI 背景

企业决定执行 CI 计划，一般有以下三种可能的情况。

一是企业的高层负责人对 CI 战略推动企业发展的价值有较为充分的了解和认识，力求企业的长远发展，增强企业的竞争力，企业高层决定导入 CI 计划。

二是企业内部对 CI 战略的作用与价值有相当认识的中层干部，向企业的最高负责人提出建议而被采纳，企业领导决策层决定导入 CI 计划。

三是外界市场营销战略或企业形象设计专家，针对企业发展的态势直接向企业最高负责人提出建议而被采纳，企业决定导入 CI 计划。

企业决定导入 CI 计划一般会选择在企业发展的关键时刻。如：企业开始从单一经营走向多元经营，原有的企业形象与目前的企业实态已不相吻合，需要对企业形象进行重新整合；原有的企业形象陈旧，与社会时尚错位，直接影响了企业的市场销售业绩，决定更新企业形象重新赢得消费者的青睐；面对日益激烈的市场竞争，为了战胜强劲的竞争对手，要强化企业形象，对企业原有的形象资源进行重新整合。

从国内企业导入 CI 计划的实践来看，企业最高负责人在决定导入 CI 计划的过程中扮演着重要的角色。因为企业并不创造形象，创造形象的是人，管理者是企业的代言人，实际上是企业形象的把关人和总导演，担负了确定、塑造和传播企业形象的职责。CI 计划的导入重点在于企业管理者的远见卓识和个人的经验谋略，而不在于 CI 战略本身的力量。

日本著名学者柏木博指出，现在人们常谈起有效的 CI 战略能极大地改善公司在市场上的运营情况，带来极大的利润，这或许正确，也可能不正确；假如 CI 确有如此功效，那是就个别公司而言的。

柏木博的话表明，CI 战略绝不是一剂万能药方，能否获得成功，首先取决于企业管理者的精神素质。CI 是对一个组织真正精神和思想的描绘，这正是创造 CI 的困难之处。

二、准备阶段

准备阶段是企业导入 CI 计划的初始阶段，为确保 CI 计划的有效导入和顺利实施，需要做大量深入细致、切实有效的前期准备工作。如首先在企业领导决策层达成共识，尽可能获得企业员工的思想认同，请专家开设 CI 讲座，进行企业形象战略意识的灌输与启蒙，营造一种特定的企业氛围。宣传和学习导入 CI 是与企业全体员工紧密相关的大事，绝不仅仅是企业领导层的观念；树立良好的企业形象是必须长期坚持的系统工程，而绝不是赶时尚装点门面的观念。

这一阶段的一个重要工作就是组建 CI 委员会，它是企业导入、实施和推进 CI 计划的权威协调机构，直属企业的最高决策部门，为了能更具权威性和有效地推进工作，CI 委员会的主任人选通常由企业的最高负责人担任。CI 委员会负责规划、执行、管理 CI 的相关工作，并定期实施 CI 进度、品质、成本的核对与检查；聘用担负识别系统开发的设计顾问，从事日常执行情况的处理工作，协助企业全面推行 CI 并监督长期实施的效果。

CI 委员会不是企业的一个专职部门，但有准职能部门的性质，只有在推行 CI 计划过程中比一般部门具有更大的职权范围，才能协调各方面的关系。往往由企业的办公室、计划、宣传、公关、市场等相关部门派代表组成委员会的成员，参加委员会联席会议。

成立以公司经营者为中心的筹划委员会（5～10 位成员最适合），先研究 CI 计划，慎重分析企业导入 CI 的必要理由，了解实施 CI 的意义和目的，初步拟订 CI 计划的覆盖范围及工作周期时间表（通常在一年半左右），评估 CI 设计公司的经验与实力等。

三、调研阶段

CI 开发的调研阶段是通过调查掌握企业形象的实际状况，以此作为战略决策的基础，企业的持续发展必须建立在对周围环境的正确分析和反应上。

同时，CI 设计的综合性特征依赖于系统的开发与设计。系统是指由相互作用和相互依赖的若干组成部分结合而成的具有特定功能的有机整体。系统具备整体性、关联性、层次性、目的性和环境的适应性等重要特征。同样，系统思维强调，各要素组成的整体具有不同于各要素功能简单相加的新功能。系统思维作为现代整体思维方式，将具体研究对象看作是各种要素以一定的方式组成的结构与功能统一的整体。它重在考察系统各部分之间的联系和相互作用，并将系统的各要素始终放在整体中进行研究。

进行 CI 开发作业之前，应先从企业内部与外部两个角度对企业的实态进行调查，以获取必要的客观资料。对企业现存问题的重新评估，是开发新的 CI 计划的重要依据。

对企业内部环境的调查，主要在于与企业高管进行充分沟通，对企业的经营状况、内部组织、营销方向、经营理念、产品开发策略、员工素质、现有 CI 的状况等问题逐一进行深入探讨、分析。企业内部环境的调查与分析，重点在于对企业思想意识和行销策略的了解。企业最高决策层必须与各职能部门主管乃至广大员工进行实际的交流与沟通，从而进一步对企业的经营理念、运营方针、组织结构、制度规范、员工状况和视觉形象等进行全方位的调查分析，找出企业面临的问题，设定新的企业经营目标、战略和形象。

对企业外部环境的调查分析包括对相关市场、目标受众的分析研究。企业外部环境的调查分析，是对企业所处的外部社会整体环境的把握和分析，如对经济环境、文化环境及国内外的市场环境等相关因素的分析，了解企业在市场中的地位、状况和不足，探讨企业今后的发展目标。外部环境的调查重点是了解消费者对企业现有产品与服务有何种程度的认知，以及竞争企业的相关信息。

四、策划阶段

在 CI 策划中，企业形象的定位主要是指“识别性”的定位，重在体现企业的 “个性”特点。形象竞争实际上是企业个性的竞争，缺乏个性与差别化的形象设计是没有价值的。企业的相互竞争主要体现在同一行业中。在考虑行业特征的基础上，CI 的定位应该更注重体现企业的个性、风格与追求。企业形象的差别化设计不仅有利于消费者识别，也有利于表现企业的产品或服务等方面的独特性，增强大众对企业形象的认知度。企业形象的定位既要满足消费者的物质与精神需求，又要有别于同行业中的其他企业，甚至要占领人们心中目前尚处空白的位置。因此，企业应该根据自身的事业特点和更高层次的文化理念，来决定其独特的生存方式，并清楚地揭示其存在的意义，进而确立企业在消费者和社会大众心目中的形象。

根据企业事前调查的结果来重新评估企业理念，预测十年后、二十年后的情况，构筑新的企业经营战略，也就是形成 CI 的企划方案。方案必须能针对调查结果，表达出正确的判断，形成策略定位，进而提供有关 CI 的活动指南和改良建议，深入浅出地描绘出未来企业应该具有的形象定位，并明确往后一连串的 CI 作业和管理办法。CI 策划书必须具有引导方向、改善体制、出谋划策、解决问题的实际功能，它也是 CI 具体设计阶段的创意原点与限定因素。

五、设计阶段

调研、形象定位和概念设定的过程实质上是对企业整体形态和视觉形态进行梳理，对整体经营环境形成一个正确的认识，提出企业远景构想的过程。在此过程中，现状与应有状态之间的差距逐渐清晰。为了缩小这一差距而采取的系统设计工作就是 CI 设计。

CI 设计的具体工作应以 CI 概念为核心进行具体项目的规划与实施。企业形象识别系统的开发过程是一项长期而复杂的大型工程。同时，视觉形象也是 CI 设计项目中最为庞大和复杂的系统设计，从设计到实施要经历一个相当长的过程。CI 开发项目通常先从视觉形象设计开始。

企业形象识别设计要以 CI 概念为理念，根据企业经营活动现状，设计出用于交流的视觉识别符号，以刻画企业个性、传达企业的经营理念和信息。所以，视觉形象设计的着眼点是所要表达的概念，即从“精深、理论的言辞表现”转变为能够让更多的人理解的、视觉化的符号，转变为具体的设计要素，实现视觉的图像表现，进而形成企业的标志，以及以此标志为核心的企业形象识别系统。

这一阶段的任务是将上一阶段所设定的策略定位转换成具体的、可操作的解决方案，形成系统的视觉传达形式。具体分为三个步骤：

(1)将识别性的抽象概念转化成象征性的视觉要素；

(2)开发基本设计要素，以奠定 CI 整体传播系统的基础；

(3)以基本设计要素为基础，展开应用设计要素的开发作业。

这一阶段的核心任务在于标志、标准字、标准色的创作，对多套方案进行反复筛选、修正，以找到最佳的符合企业实态与代表企业精神的符号体系。最后确定的方案在精致化作业处理后，才可进行应用体系的开发作业。

六、实施与控制阶段

实施与控制是整个 CI 计划推进中的重要阶段，实施与控制是否恰当、员工培训是否到位、上下步调是否一致，直接关系 CI 计划导入的成败。

让企业外部的公众和企业内部的员工，都能认知企业推出的新理念和新形象。企业通过新闻发布会或信息发布会对外发布 CI 成果的主要内容，包括新的企业经营理念和价值取向、新的企业标志、视觉识别系统及相关的综合成果。在对外发布 CI 计划成果的同时，应用各种宣传媒体系统地对企业内部员工进行一次完整的解析和说明，以调动内部员工参加 CI 计划实施的主动性，树立企业形象战略的整体意识。

建立企业 CI 发展管理部门或机构，让其对企业理念的推行及企业形象识别系统的运用实行全程的监控与指导。设计系统开发完成后，即进入全面导入实施 CI 的阶段。需要由最高管理层至基层的员工来全面贯彻，内部统一后，方能对外进行传播。

案例分析3-2

上汽集团奇瑞汽车有限公司成立于 1997 年，是由五个投资公司共同投资兴建的国有大型股份制企业，坐落在水陆空交通条件非常便利的国家级开发区——芜湖经济技术开发区（占据着承东启西、连接南北的枢纽地位，是长江流域重要的工业基地和物流中心）。

从诞生之日起奇瑞就展现出鸿鹄之志，早在 2001 年 2 月就通过了由国家轿车质量检测中心质量认证体系中心组织的 ISO9001 体系认证，2002 年 8 月又通过了德国莱茵公司的现场审核，成为国内首家通过目前国际上最严格最先进的汽车生产质量控制体系——ISO/TS16949 标准认证的整车制造企业。

遵循“整体规划，分步实施，快速建设，滚动发展”的总体发展思路，倡导“建校园式工厂，创学习型组织”的现代公司氛围，始终坚持“实现一个理想，创立一种机制，制造一流产品，锻炼一支队伍”的远大追求，一个生机勃勃、发展后劲十足的、向世界一流汽车企业靠拢的现代化大型汽车企业正在形成。

奇瑞汽车市场调查反馈表

1. 您知道奇瑞 QQ 汽车品牌吗？（请在要选择的答案前的方框内打“√”）

□知道　□不知道（如果您选择不知道，那么您可以不填写第 2 题至第 8 题）

2. 您是通过何种方式知道奇瑞 QQ 汽车的？（可多选）

□朋友介绍　□杂志、报纸　□电视　□网站　□公司活动　□其他

3. 您重视汽车的哪些方面？

□动力　□操控性　□安全性　□技术　□售后服务

□品牌　□外观　□价格

4. 您印象中奇瑞 QQ 的特点是什么？（可多选）

□动力　□操控性　□安全性　□外观　□舒适性

□制作工艺　□其他

5. 奇瑞汽车中，您最感兴趣的是哪一款？

□东方之子　□奇瑞风云　□奇瑞旗云　□奇瑞 QQ

6. 您对奇瑞公司的服务满意吗？

□非常满意　□满意　□一般　□不满意

7. 您认为奇瑞的价格合理吗？

□合理　□比较合理　□不合理

8. 您对奇瑞的质量满意吗？

□非常满意　□满意　□一般　□不满意

9. 您的购车预算是多少？

□ 5 万元以下　□ 5 万～10 万元　□ 10 万～30 万元　□ 30 万元以上

10. 您购车的类型是什么？

□轿车　□跑车　□客车　□其他

11. 您所从事的职业是什么？

□国家公务员　□私企业主　□高级管理者　□中层管理者

□艺术工作者　□其他

12. 您的年龄是多少？

□ 20 岁以下　□ 20～29 岁　□ 30～39 岁　□ 40～49 岁

□ 50 岁以上

13. 您的月收入是多少？

□ 1 000 元以下　□ 1 000～3 999 元　□ 4 000～7 999 元　□ 8 000 元以上

14. 您的文化程度是什么？

□高中　□中专　□大专 /本科　□研究生以上　□其他

15. 您的性别是什么？

□男　□女

消费者市场调查分析

1. 被调查者对奇瑞汽车的了解程度

知道的占 76%　不知道的占 24%

调查说明奇瑞汽车还是有一定的知名度的，但是还需要努力。

2. 被调查者知道奇瑞汽车的途径

朋友介绍占 9%　杂志、报纸占 15%　电视占 16%

网站占 13%　公司活动占 45%　其他占 2%

公司活动对消费者的影响还是较大的，在增加活动的同时要加强其他方面的传播，使消费者能够从各个方面对奇瑞有所了解。

3. 被调查者对汽车的重视方面

动力占 14%　操控性占 17%　安全性占 39%　品牌占 13%

价格占 4%　售后服务占 3%　外观占 10%　技术占 0%

拥有汽车的人，最关注的还是自己的生命安全问题，对汽车的安全性特别注重。生产厂家首先要保证的就是这一点。

4. 被调查者对奇瑞 QQ 的印象

动力占 12%　操控性占 3%　安全性占 14%　外观占 45%

舒适性占 23%　制作工艺占 3%　其他占 0%

吸引大部分消费者的是奇瑞的外观，说明奇瑞这一点做得还不错，但是也表明了要加强其他方面的发展,尤其是操控性和制作工艺方面。

5.被调查者最感兴趣的奇瑞汽车款式

东方之子占14% 奇瑞风云占10% 奇瑞旗云占13% 奇瑞QQ占63%

看来消费者对汽车的外观是比较在意的,奇瑞QQ满足了这一点,其他的款式需要改进。每一款汽车都要增加它的销售量。

6.被调查者对公司服务的看法

非常满意占23% 满意占53% 一般占14% 不满意占10%

说明奇瑞的服务还有待提高,没有最好,只有更好。

7.被调查者对奇瑞的价格评价

合理占30% 比较合理占62% 不合理占8%

奇瑞的价格还是比较合理的,大多数人都能接受,这个也许就是奇瑞销售量好的原因之一。

8.被调查者对奇瑞质量的看法

非常满意占12% 满意占32% 一般占43% 不满意占13%

奇瑞的质量比较一般,需要提高。

9.被调查者准备购买汽车的预算

5万元以下占60% 5万～10万元占21% 10万～30万元占17% 30万元以上占2%

虽然人们的生活水平提高了,但他们的汽车消费水平还是有一定限度的,他们需要的是经济和实惠的产品。

10.被调查者想购买车的类型

轿车占53% 跑车占6% 客车占17% 其他占24%

随着社会的发展和人们生活水平的提高,越来越多的家庭为了方便都想拥有一辆自家的小轿车。

11.被调查者从事的职业

国家公务员占1% 私企业主占54% 高级管理者占5% 中层管理者占14%

艺术工作者占21% 其他占5%

12.被调查者的年龄状况

20岁以下占3% 20～29岁21% 30～39岁占34% 40～49岁占36%

50岁以上占6%

13.被调查者的月收入

1 000元以下占24% 1 000～3 999元占60%

4 000～7 999元占14% 8 000元以上占2%

14.被调查者的文化程度

高中0% 中专占13% 大专/本科占42% 研究生以上占14%

其他占31%

15.被调查者的性别

男性占67% 女性占33%

根据上述分析可知,随着社会的进步和科技的发展,人们的生活水平有了很大的提高。人们的消费观念也有所改变,不再为衣、食、住、行担忧,而是考虑怎样去享受生活。如今,拥有轿车的家庭越来越多,人们对汽车的关注主要还是在外观和质量上。奇瑞汽车深受广大消费者的喜爱,价格合理,让普通的消费者都能接受。再加上它可爱、漂亮的外观,能满足购车者的需求。根据奇瑞现在的销售量,只要奇瑞不断地更新,满足消费者的需求,做好售后服务,端正服务态度,提高自己的知名度,就能在市场上站稳脚跟,从而进一步扩大市场。同时还要加强对企业形象的宣传力度,让更多的人认识奇瑞,了解奇瑞。

广告策略

广告目标:微型轿车占据市场霸主地位,打开国外市场,树立企业形象,宣传品牌和产品,从而被消费者了解和认可。

品牌个性:奇瑞 QQ 赋予“时尚、价值、自我”的品牌个性,将消费群体的心理情感注入品牌内涵。

品牌语言:富有判断性的广告标语“青年人的第一辆车”及“秀我本色”等流行、时尚的语言,配合创意的广告形象,将追求自我、张扬个性的目标消费群体的心理感受描绘得淋漓尽致,与目标消费群体产生情感共鸣。

目标市场策略:明确的市场细分锁定时尚男女

奇瑞 QQ 的目标客户是:收入并不高,但有知识、有品位的年轻人,同时也兼顾有一定事业基础,心态年轻、追求时尚的中年人。一般大学毕业两三年的都市白领都是奇瑞 QQ 潜在的客户。平均月收入 2 000 元人民币即可轻松拥有这款轿车。

产品定位策略

产品名称:奇瑞 QQ 在网络语言中有“我找到你”之意,奇瑞 QQ 突破了传统品牌名称非洋即古的窠臼,充满时代感与亲和力,同时简洁明快,朗朗上口,富有冲击力。

广告诉求策略

广告诉求对象:广大年轻人和汽车爱好者。

广告诉求重点:理性诉求强调奇瑞的价格实惠,质量好;感性诉求强调奇瑞的可爱外观。

广告诉求是围绕广告主题通过作用于受众的认知和情感层面,促使受众产生购买欲望,强调实事求是。

诉求策略:理性、感性和情感相结合的方式;通过真实、正确、公正地传达企业、产品、服务的客观情况,以及通过表明与企业、产品、服务等相关的情绪与情感因素来传达广告信息;在广告诉求的重点上要以接近生活为主线,“我秀故我在,奇瑞 QQ 无处不在”“年轻人的第一辆车”“使您更方便,让您拥有舒适的感觉”等广告语给消费者全新的观念,以此来传达产品信息,求得最佳的说明效果,使产品的美誉度与知名度共同发展。

广告费用预算

广告策划费用:5 万元。

广告设计费用:3 万元。

广告制作费用:10 万元。

媒体费用:200 万元。

广告媒体策略

户外广告:开办汽车展,使人们更接近奇瑞汽车,对它有进一步的了解。

网络广告:通过网络,使全世界的人对奇瑞汽车有一个了解,在网上建立国外销售点,扩大销售范围。

广告文案

方案一:我秀故我在,奇瑞 QQ 无处不在!

2010 年,卫星发回紧急情报,今晚 10 点左右有大量不明物体侵入地球,请大家做好一切防御措施。人类听到这个消息后,都处于紧张状态。地球上一片混乱……每一个人都在等待这个灭亡时刻的到来,晚上

9:50 分,地球上处于极度的安静状态,人们都不敢呼吸,都呆呆地看着天空,眉头紧锁。晚上 10 点,不明物体到来了。它们把天空照得好亮,一闪一闪的、一颗一颗的好像流星。慢慢地,它们从天空中降落下来。远远地可以看出它们在向人类"微笑",还不停地眨着眼睛。人们都感到很奇怪。不一会儿,人们紧锁的眉头舒展开来,心情也变得欢快多了。它们离地面的距离越来越近,一个个停落在地球上,欢快地奔跑着。

人们都向它们奔去,都兴奋地开着它们向远方驶去……

我秀故我在,奇瑞 QQ 无处不在!

方案二:奇瑞靓装,我的最爱!

宋代水浒名将,与一位现代摩登女士在网上认识。一天名将给女士打电话,想约她一起上网。名将说道:"宝贝儿,你现在在哪里?做什么呢?"女士回答:"我在 QQ 上呢,我的 QQ 换衣服了。它还在开心地笑。眼睛一眨一眨的,可爱极了,你要不要来看看我的靓装呀?"名将回答:"好的!等我一下,马上就来。"名将马上上网,但是他并没有找到那位女士。于是他心情非常郁闷,自言自语道:"现在的 MM 总是喜欢耍人呀!"女士想:古代的人肯定以为我在网络的 QQ 上。他怎么会知道,在他的未来世界里会有如此漂亮的交通工具(奇瑞 QQ)呢!(此时的画面中驶入各种颜色的奇瑞 QQ。)

奇瑞靓装,我的最爱!

方案三:奇瑞风云,年轻人的选择

前景:银河系画面—地球—汽车

一位工作几年的白领男士下班后,拿着自己的手提电脑,面带微笑地从办公楼走出来,心想:终于可以轻松一下了。他向自己的汽车走去,和同事边打招呼,边开车门。他开的是一辆奇瑞风云。

首先给奇瑞风云一个特写,尤其是它的品牌标志,当他进入车内的时候,给车内一个特写。他开着车,听着音乐,走在宽阔的田野上(他怀着愉快的心情在开车)。

(又一个画面)

他开车带着全家人去观光。他们一直在车上,从白天到黑夜,从黑夜又到白天。此时的画面上有一只眼睛,闭上表示黑夜,睁开表示白天。一家人的脸上都洋溢着幸福的微笑。

(最后画面)

奇瑞风云在乡间的小路上行驶着。路的两旁是绿草,远处是灰蓝色的山脉,风景很美丽。年轻人的脸上,带着甜蜜的微笑。汽车一直在行驶着,体现了年轻人对奇瑞风云的爱不释手。

奇瑞风云,年轻人的选择!

课后练习

撰写一份对某企业进行 CI 社会调研的报告,不少于 2 000 字。

要求:案例必须是近年来规模比较大的企业,有特色鲜明的 CI 设计。

Qiye Xingxiang Sheji

第四章

VI策划和设计

企业视觉形象(VI)设计是CI设计系统中的重要组成部分，是在对企业理念的充分认识和对活动识别充分了解的基础上进行的表象视觉符号设计，这些被赋予深刻含义的视觉符号，能让消费者感受到企业的生存价值和长远目标。

第一节 VI设计的基本原则

VI设计是一项科学性、艺术性较强的工作，设计时必须充分考虑其在企业CI整体系统中的独特地位与作用，明确设计的基本原则。

一、统一性原则

VI设计的最大特征就是系统性和统一性。企业形象是用统一的视觉符号、统一的传播手段、统一的识别方式将企业精神和企业文化传达给大众。整体统一的形象传达是CI系统所追求的终极目标，VI设计要从理念识别和活动识别出发，三者相互联系，密不可分。VI策划和设计包含了企业发展战略、营销活动、公共关系和广告策划。企业管理等视觉系统，要在企业统一战略思想的指导下，保持高度一致，实现各环节内容的和谐统一。在设计中要保持VI导入的连贯性、持续性和一致性，切忌乱用，否则会失去企业形象设计的实际意义。同时，要监督、督促企业执行，保证企业VI导入执行的有效性。视觉识别的整体性可加强信息传达的强度，保证企业VI设计、导入、执行的一致性和规范性。该原则始终贯穿于整个组织内部、外部的活动中，并在传播过程中起着积极的作用，能促进企业品牌形象持久稳定的发展。

1. 基础部分和应用部分的统一

在VI设计中，基础部分与应用部分相互依存、相互制约、紧密联系。在VI整体设计过程中，基础部分的设计和应用部分的设计只有保持高度一致，才能称其为完整的设计系统。基础部分的内容一旦确定，就不能随意更改，各组合部分要严格遵循操作规范进行设计制作。应用部分虽然内容较多，但是它的宗旨只有一个，那就是辅助基础部分进行设计，它从属于基础部分。基础部分与应用部分要有一定的连贯性和承接性，基础部分设计是应用部分设计的前提，应用部分设计是基础部分设计的延伸，二者要保持统一。

2. 设计风格的统一

相同或相似的反复刺激能够加深人的印象。整体形象的系统设计是企业最佳的传播工具。对同一形象的反复认知，可以使人们辨认出该企业的经营性质，感受该企业的经营项目和文化理念。新闻、广播、电视、杂志、报纸等虽然属于不同的传播媒体，但是它们所传达的设计风格要保持高度的一致。

3. 产品包装与整体形象的统一

产品包装设计是整体形象设计的重要组成部分。从广义上说，应用部分设计所包含的内容均属于企业产品包装设计的范畴，其中包括店面装潢、企业产品包装、员工制服等。从狭义上说，企业产品包装单指企业生产产品的包装。企业产品的包装设计要按照包装设计制作规范进行，要符合企业理念和企业文化，要与企业的整体形象设计保持一致。

4. 形式与内容的统一

形式与内容的统一贯穿于整个企业形象设计的始终。内容是形式的基础，形式是内容的体现，二者相互关联，不可分割，需要连贯统一在同一种状态之中。

二、可操作性原则

VI 策划和设计不仅要求体现企业文化和企业理念，塑造企业整体形象，还要为企业形象的管理与维护提供权威性的操作标准与技术标准。例如：标志不会因缩小、放大而产生视觉上的偏差；线条之间的比例必须适度，如果太密，缩小后就会重叠在一起，影响使用；要保证大到户外广告，小到名片广告均有良好的识别效果；必须建立详细的使用说明、注意事项、尺寸规定及组合使用的媒体范围，力求系统化、标准化，从而使设计能有效地推行。VI 的有效实施，才是策划的直接目的。

三、差异性原则

VI 设计必须是个性化、与众不同的差别性设计。差异性原则是遵循不同企业与机构的行业形象特征，为了表现这种行业特征，设计时必须突出差异性，以有利于识别、认同。差异性原则要求企业与机构的理念及其指导下的视觉识别系统具有该行业的特征，同时塑造企业独特的个性，使其区别于其他同行，强化消费者的识别与认同，使企业在激烈的市场竞争中独树一帜。

差异性是事物所表现出来的与其他事物不同的内容、形式和风格。创造差异、寻求独特的个性，能使企业在众多品牌中脱颖而出，是企业形象设计需要遵循的基本原则。独辟蹊径的经营管理模式是企业争取市场的有效途径，独具特色的企业形象是企业占领市场的前提条件。20 世纪 60 年代在美国运动鞋市场上占据统治地位的是阿迪达斯、彪马和 Tiger，到了 20 世纪 70 年代，美国的经济、政治、文化已经发展到了新的阶段，以慢跑著称的阿甘成了数百万人的偶像，健康、舒适、青春等观念开始流行。耐克公司依靠独特的经营理念结束了阿迪达斯、彪马和 Tiger 的铁三角时代，并于 1981 年遥遥领先于阿迪达斯。耐克公司的管理层每六个月就会以“针锋相对”的态势组织一大批人讨论新的策略，用其企业文化和经营理念塑造独特的企业形象。耐克公司的消费者定位在热爱运动、追求个性的青少年群体上，体育、表演、洒脱运动是耐克的品牌精神。

四、时代性原则

一个成功的企业要有能力适应瞬息万变的市场环境，要具有独立的拓展能力和勇于创新的精神。企业的产品和服务要与时代需求接轨，面对市场经济的风云变幻，能及时做出正确的抉择。只有把握时代脉搏，才能立于不败之地。

1. 企业标志的时代性

具有时代特性的事物能够吸引人们的关注，拉近企业和消费者之间的距离。企业标志是 VI 系统中的基础与核心。企业标志要跟随时代发展的步伐加以变化和修正,以适应企业发展的需要。这要求标志的设计要符合时代的发展,符合时代的审美特征。可口可乐的标志应用至今经过了数次变化,它以鲜明的时代特征赢得了消费者的青睐。

2. 企业整体形象要紧跟时代发展

与时俱进的形象设计能够加深消费者对企业的信赖程度,坚定消费者对企业的信念。2008 年北京奥运会期间,中国银行、中国移动、中国联通、李宁体育、海尔、联想、恒源祥、搜狐网站、新浪网站、蒙牛集团等许多中国企业顺应时代发展,设计了体现奥运精神、传承中国文化的企业整体形象。

3. 企业经营战略的时代性

战略是企业经营的策略方针。企业经营战略是企业面对市场竞争,为谋求生存和发展所做出的总体性策略规划。企业形象设计是企业在经营战略中,为使企业向前发展而采取的一项经营管理方式,通过对企业外部环境和内部环境的调查与分析,制定企业经营战略。它有利于调动全体员工共同参与的积极性,有利于企业长远目标的实现和对市场动向的正确把握。企业经营战略分为企业竞争战略、企业发展战略和企业文化战略三种类型。

4. 传承文化,发扬光大

传统文化是民族精神的体现。不同国家和不同民族在漫长的历史长河中形成了独具特色的民族文化。企业文化是企业在长期实践过程中总结概括出来的有利于企业发展并能体现企业特色的企业规范、价值观念和企业精神。全球化进程的加快使世界经济日益融合,通识化的企业形象是很多企业为与国际接轨而采用的惯用设计方式。创造差异是企业形象设计所要达到的目的,用民族文化创造差异是企业区分同行业品牌的最好方法。例如,可口可乐、百事可乐、肯德基、麦当劳等品牌所要传播的是美国的快餐文化。日本 PAOS 设计的 NTT(电视电话公司)、尼桑、马自达、麒麟啤酒、住友银行、松屋百货、小岩井乳业等品牌,则向外传播着日本的民族文化。2008 年北京奥运会的主题形象和 2010 年上海世博会的主题形象均采用民族元素进行设计,彰显中国文化。

5. 营造环境,品牌至上

要营造企业经营的良好环境,不仅要营造企业内部的良好物质环境,更重要的是营造社会上的良好经营环境。外界对企业的评价往往建立在企业经营活动的基础上,所以,营造良好的企业经营环境能够增强企业的美誉度,进而增加企业品牌的附加价值。在企业推广过程中要严格按照 CI 计划制定的各项规章制度进行,打造良好的企业形象。

案例分析4-1

万达百货成立于 2007 年 5 月 8 日,是中国商业地产龙头企业大连万达集团下属五大支柱产业(商业地产、高级酒店、文化产业、连锁百货、旅游度假)之一。截止到 2011 年年底,万达百货已拥有门店 40 家。2012 年 7 月,万达百货福州金融街店、厦门湖里店、重庆南坪店、沈阳北一路店、天津店、广州店、南京店开展了特色活动:邀请万达百货合作伙伴李宁赞助的五支中国金牌队进行奥运装备巡展,并邀请奥运会冠军现场助威;举办"快乐童年"儿童大型文艺演出,与孩子们和家长们共度愉快的儿童节。这些活动的举办,很好地提升了企业的经营面貌与美誉度，提升了企业的品牌形象。

五、法律性原则

企业的视觉形象作为企业的无形资产，在设计时要符合中华人民共和国广告法、商标法、知识产权法等相关的法律法规，商标要通过法律程序予以登记注册，并受到法律的保护。

第二节
VI 设计的导入

企业形象是建立企业知名度和传达企业理念的最直接、最有效的方法，也是人们对企业所具有的情感和意志的直接载体。在一个富足的社会里，人们已不太斤斤计较价格，产品的相似之处又多于不同之处，因此，企业商标和形象就变得比产品和价格更为重要。这些都是企业竞争的重要因素，而且也突出了在商品经济社会里塑造企业形象的重要性。目前，许多企业都已经意识到，应该把 VI 导入作为企业的一种管理战略，从各个方面树立一个整体的企业形象，凝聚企业员工的向心力，从而奠定企业长期良性发展的基础。

一、VI 导入的目的

VI 导入作为企业一项重要的活动是以动机作为理由、以目标作为方向的。企业导入 VI 的目的和原因有很多，大致可以分为以下几种情况。

1. 成立新公司或企业合并

新的公司成立需要树立新的企业形象；企业之间的兼并会使企业面临企业名称、品牌名称的统一；企业理念的整合，也迫切需要通过新形象来增强企业组织的凝聚力。

2. 开拓新市场，推出新产品

企业在开拓新市场和推出新产品时，往往会推出新的企业与品牌形象。统一品牌与企业名称，扩大经营范围，实现多元化经营，是增强产品市场竞争力和提高企业知名度的有效手段。

3. 提高企业自身的竞争力，打入国际市场

有许多中国企业在国内市场已经取得成功，为顺应国际化潮流，希望创造出享誉世界的品牌，以适应全球化的市场竞争；同时为了使自己的形象在国际市场上更加鲜明和统一而导入新的 VI，对原有的企业形象进行修正或重新设计。

案例分析4-2

海尔公司 1984 年创立于青岛。创立以来，海尔坚持以用户需求为中心的创新体系驱动企业持续健康

发展,从一家资不抵债、濒临倒闭的集体小厂发展为全球著名的家用电器制造商。2012 年,海尔集团全球营业额 1 631 亿元,在全球 17 个国家拥有 8 万多名员工,海尔的用户遍布世界 100 多个国家和地区。

海尔刚创业起步时,电冰箱生产技术从德国利勃海尔公司引进。当时双方签订的合同规定,海尔可在德国商标上加注厂址,于是海尔使用"琴岛——利勃海尔"作为公司的商标。琴岛是青岛的别称。随着企业品牌声誉的不断提升,原商标中的地域性影响了品牌的进一步拓展,于是过渡成为"琴岛海尔"。

随着企业进军国际化市场的步伐加快,1993 年 5 月,海尔集团将产品品牌与集团名称均过渡到中文"海尔",并设计了英文"Haier"作为标志,新的标志与国际接轨,设计上简洁、稳重、大气,广泛用于产品与企业的形象宣传中。

2004 年 12 月 26 日,海尔集团开始启用新的海尔标志,新的标志由中英文组成,与原来的标志相比,新的标志延续了海尔 20 年发展形成的品牌文化;同时,新的设计更加强调了时代感,向外界传递着海尔站在新起点,争取更大发展的全新姿态。从"琴岛——利勃海尔"到"琴岛海尔"再到"海尔",从商标的演变可以看出海尔塑造品牌形象、逐步走向国际化品牌的发展历程。海尔,正在努力成为真正的国际化品牌。

4. 适应企业经营路线和经营环境的变化

企业经营不善或经营者的变更需要导入新的 VI 来落实新的企业政策、转变经营方针、重整企业理念,使企业重新走上健康的发展道路。在新的经济体制下,企业旧有的经营理念和管理方法需要更新,也需要全面导入 VI,以顺应新时代市场的需求。

企业导入 VI 的目的和动机,是企业内部的自觉要求和企业经营的外在压力的需求。企业应根据自身的情况来制定近期目标、中期目标和长期目标。

二、VI 导入的基本方式

VI 导入的基本方式一般分两种:全面导入和分阶段导入。

全面导入的优点在于短时间内能给人耳目一新的感觉,缺点在于企业一次性投入的费用很高,且没有一个科学的调整反馈期,一般企业都不太愿意用这种方式。

分阶段导入是目前绝大部分企业导入 VI 的做法,它的优点在于根据企业的实际需求,设定样板导入期和导入调整期,这样的导入方式可有效降低企业的投入成本,且可以在导入过程中不断发现问题并制定相应的策略,不足之处在于延长了企业的导入周期。

三、VI 导入的方法

全面导入 VI 存在诸多不科学性,一旦出现问题,企业不知道是改正还是将错就错,这在一定程度上导致了品牌形象塑造的片面性。较好的 VI 导入方法在于将品牌形象塑造分为两个部分,即基础部分和应用部分,目的在于能够更客观、务实地解决企业品牌形象问题。

在导入前期,VI 系统设计小组基于基本系统来开发、规范企业视觉识别中的应用系统部分;在导入后期的执行过程中,逐步规范 VI 的应用系统。这样做的好处在于:企业发现问题时,VI 系统设计小组可以及时解决问题,对企业形象塑造的科学性与灵活性起到积极的推动作用。

四、VI 导入的流程

VI 系统的设计规划与实施是一项循序渐进的计划性作业。综合国内外企业导入 VI 设计的经验，其作业流程大致可分为五个阶段：企业现状调查与分析阶段、VI 设计提案阶段、VI 设计准备阶段、VI 设计开发阶段、VI 设计的实施与导入阶段。

1. 企业现状调查与分析阶段

在此阶段，应把企业发展现状和外界对企业形象的认知现状结合起来进行调查，力求调查详细、数据准确，争取对企业的整体形象有个正确的认识。调查研究是 VI 策划、设计中首先确定的一种理性化思考，是整个 VI 系统实现的基础，它贯穿于 VI 策划和设计的整个过程。

1)成立调研小组

当企业内部对 VI 设计有了一致的认同并明确了 VI 导入的工作意向后，接下来就是对企业进行实态调研。成立调研小组，组织专家对调研的内容、方式、对象、项目与时间进行周密的规划，明确调研各阶段的工作要点及调研的基本原则，确保能对企业的运营现状及企业形象识别现状进行全方位的调研。

2)确立具体的调研体系

(1)调研范围的设定。调研范围包括对内和对外两个部分。对内包括企业的经营哲学、事业领域、经营环境、企业文化、广告营销、产品开发策略、现有企业形象等；对外包括企业的组织结构、市场情况、消费者的需求、竞争对象和合作对象等方面。

(2)调研方法的设定。具体运用定性调研和定量调研这两种基本方法，通过采访调查、现有信息资料调查和问卷调查三种形式来实现。

3)企业总体形象调研

企业总体形象调研主要是确认企业在传播中留给市场、大众、竞争者的总体印象，以具体化、形象化的方式表现出来。它包括三种不同层次：一是企业在传播环境中给予大众心理认知层次的形象联想；二是大众对企业最基本的认知与评判；三是企业最具有个性形象特征的表达。

4)企业视觉形象项目调研

在对企业总体形象进行调研后，还必须对企业形象的视觉表达形式及基本特征进行认定。视觉形象项目包括基础设计部分和应用设计部分。

根据调研的情况和有关数据撰写调研报告，完稿后提交给 VI 设计推进委员会，为企业形象视觉设计提供文字基础和依据。

2. VI 设计提案阶段

以企业现状的调查与分析结果为基础，拟订企业的市场定位和符合企业形象塑造的基本概念，作为 VI 设计规划的原则。

在 VI 策划和设计前，首先要确定企业形象的总概念。应参考事前的调查分析，重新评估企业理念，明确 VI 设计的战略规划、指导思想、识别原则等总体框架思路，形成 VI 设计提案企划书，用以指导未来的 VI 设计与管理。企业 VI 成果能否体现，取决于 VI 设计总概念的框架思路的整理、策划是否得当。框架思路就是有关企业的 VI 设计提案企划书，主要是根据行业特征及企业的具体现状，构筑适合企业的精神理念，并对企业高层提出解决问题、改善体制、引导方向等的合理建议。

设计提案包括的主要内容有调查结果的要点、企业 VI 的基本概念、具体可行的策略、VI 设计的开发要求及企业 VI 战略的定位、与 VI 相关的补充计划等。

设计提案的内容清楚地表明了企业的“问题”和“解决办法”两大重点。一个完整的 VI 设计框架思路一般包括以下项目:标题、企业导入 VI 的目的、企业导入 VI 的理由和背景、VI 导入计划、时间预定表、VI 的计划方针、VI 具体的施行细则、VI 设计与开发的组织功能。

设计提案是企业视觉识别系统的核心,它将导入 VI 的目的明确化,并将导入 VI 的理由清晰化;它决定企业对 VI 系统的运作方向,指导着企业开发 VI 设计的进程,并在开发设计中得以体现。

VI 设计提案必须根据事先所列的问题、背景,推行 VI 的基本方针,由企业的高层组织批准后,再展开 VI 的具体设计工作。

3. VI 设计准备阶段

当确定设计提案后,企划设计随即展开,即可成立 VI 设计小组,搜集相关资讯,理解消化 VI 核心精神与企业领导层的作为,确定贯穿 VI 的基本形式与设计风格。准备工作要从成立专门的工作小组开始,这一小组由各具所长的人员组成,人员不在于多,而在于精干,要重实效。

VI 设计小组的主要负责人一般应由企业的高层担任,因为他们比一般的管理人员和设计人员对企业情况的了解更为透彻,宏观把握能力更强。小组成员一般由调研员、文案人员、平面设计师及相关技术人员组成。这些成员主要是各行业的专业人士,以优秀设计人员为主,以营销人员、市场调研人员为辅,还可邀请美学、心理学等专业人士参与部分设计工作。

VI 设计小组的主要任务是理解 CI 设计的总概念,探索表现企业新理念体系的基本形式,将企业提供的实态调研资料进行整理分析,从中获取准确的信息、数据、开发条件及标准。小组还要做专题调研,理解消费者的需求和动向,制定分析报告,并邀请经济学、管理学、市场营销学、美学等相关学科的专家进行研讨,明确设计方向。

4. VI 设计开发阶段

VI 设计小组首先要充分地理解、消化企业理念,把企业精神吃透,并寻找与 VI 的结合点。在各项准备工作就绪之后,VI 设计小组即可进入具体的设计开发阶段。

设计开发阶段分为基础识别设计和应用识别设计两个部分。基础识别设计是整个设计系统的核心部分,其中企业标志、标准字体、标准色彩是整个设计体系的灵魂。设计师要充分理解企业的经营理念,根据调研信息和数据,寻找企业标志的视觉表达形式。在多个基本设计方案中,选定最佳设计形态,确定设计传播载体和应用环境中的具体体现。VI 手册的编制是 VI 设计开发的最后阶段。综合 VI 项目的作业并将其整理成册,使企业的信息设计视觉化、系统化、规范化,为企业实施 VI 战略提供衡量标准和应用准则。手册的内容包括企业 CI 概念、VI 概念、设计系统的构成及使用方式、基础识别设计部分、应用识别设计部分、印刷样本及标准色应用、版权页、VI 手册电子光盘等。

5. VI 设计的实施阶段

VI 设计实施的好坏直接决定了企业 VI 识别系统能不能引起受众的注意,最终对企业的形象和经济效益产生影响。

从 VI 设计的实施方式来看，有的企业通过报纸媒体发表，有的企业利用网络新媒体发表。通过新闻发布会的形式发表 VI，也是一种实施的方式，还可以利用公司的重大活动，如招商会、订货会、公益活动、公共关系活动、促销活动、展示活动等，最大限度地扩大活动的影响力，以顺利推出新形象。同时，在企业内部也要寻求有效的传播方式，将 VI 的成果深入企业内部。将对外发表和对内发表有机地结合起来，利用多种传播媒体和表达方式宣传企业 VI，是企业实施 VI 的有效途径。

五、VI 系统的后期管理

VI 的导入与实施完成后并不意味着整个 VI 识别系统的完成。企业导入 VI 是为了宣传自己独具魅力的形象，因此必须借助外部媒体和内部员工的具体行为来体现，辅以良好的 VI 识别系统管理，充分发挥 VI 效果才是企业想要达到的最终目的。

1. VI 的管理与维护

VI 识别系统的规划仅是前置性的计划，要执行建立企业形象的具体措施，还必须进行有效的管理与维护，以确保具体运行中符合规划好的企业形象概念。VI 在导入与实施后，其成果的管理与维护需要建立 VI 管理与维护的常设机构，该机构一般由 VI 设计推进委员会调整后形成，因为委员会对 VI 的整体设计和理念有明确的认识。

VI 的对外宣传：企业应充分利用各种活动，体现社会责任感，展现企业的新形象，强化和深入 VI 的推广。

VI 的对内宣传：企业定期对管理者、普通员工进行 VI 培训，言行举止应符合整个 CI 系统的规范，使员工充分感受到企业发展的活力和生机，从而增强企业的凝聚力和向心力。

2. VI 的检测与反馈

企业在导入 VI 设计并基本定型以后，还要再次进行较大范围的调研，以便通过一定数量、不同层次的调研对象的信息反馈来检验 VI 设计的各个细节。应切实把握 VI 导入与实施的程序，建立相应的 VI 成果监测系统，对 VI 导入效果进行系统的测试和评估，派专人定期进行市场调查，为下一步工作的推进做调研。测试与评估包括企业内部导入效果测试、企业外部导入效果测试、企业运营业绩的评估与测试、企业导入 VI 的目标及效果测试等。

对 VI 的管理评估应定期撰写总结报告，及时提出修正方案。实现 VI 系统的制度化、规范化管理，使 VI 导入与实施计划逐渐完善，以达到预期的目标，使企业视觉形象得到持久稳定的发展。

VI 识别系统的实施与管理这两个部分是视觉识别的重要组成部分，这两个阶段的操作状况，将会直接影响企业导入 VI 的效果和成就。VI 导入后的管理与测试是持续和扩展企业 VI 成果的保障。

案例分析4-3

一、企业概况

常州国际商城是由香港天安中国投资有限公司、常州市天宁区商业总公司、工行信托投资公司三方投资组建的大型商业基础设施项目。项目总投资 2 500 万美元，集商业旺铺、办公写字、餐饮娱乐等于一体，建筑面积 5 万平方米，是一座多功能综合性的楼宇。1995 年 7 月商场部分试营业，1997 年 1 月 25 日商场投入正式营业。

二、CI 导入的背景

地处上海经济区辐射圈中的常州商业经济在得以长足发展的同时，也正面临着愈演愈烈的无情的竞争。就是在这样的背景下，常州国际商城准备于 1995 年 7 月试营业。

(一)CI 导入前的市场状况

当时常州的市场情况，存在着这样一对矛盾——有限的市场容量和无限的经营能力之间的矛盾。

1. 有限的市场容量

有限的市场容量表现在以下几个方面。

(1)常州不是一个中心城市，常州位于沪宁线中段，东有沪(上海)苏(苏州)锡(无锡)，西有宁(宁波)镇(镇江)扬(扬州)，商圈难以向两翼辐射。

(2)就城市规模而言，常州不是一个现代化的大城市，而是一个典型的小城市，市民购物的交通方式 60%为自行车，居民聚集区距市中心仅为 15 分钟的自行车路程，甚为方便，因此它难以形成多极化的商业中心，而位于市中心的商业楼盘则很容易形成虎踞龙盘之势。

(3)从城市性质看，常州更不是一个旅游城市，旅游资源十分匮乏，流动人口极为有限，有资料统计，1993 年常州的境外旅游者(包括外商投资者)全年仅为 2 万人次，而同期苏州、无锡则高达 30 万人次。由此可见，常州的零售业缺乏旅游业这一坚实基础的支撑，零售市场呈典型的地区市场、区域市场特征。据以上分析，可以确立这样的论点：常州百货零售业的市场容量具有很大的局限性。

2. 无限的经营能力

近年来，由于市场经济、流通体制改革的作用，受经济过热，固定资产投资规模过大的影响，商业经营企业与日俱增，尤以大型零售商业为最，高楼大厦如雨后春笋般拔地而起，它使常州百货零售业的经营能力有了一个很大的提升。

与之相反，市场的容量却未随之相应扩大，商家不断拓展的经营能力与有限增长的市场容量之间的矛盾进一步导致了商业竞争趋向白热化。常州百货零售业的竞争已由大鱼吃小鱼的竞争转入大鱼吃大鱼的竞争。

(二)企业所处的地理位置

常州国际商城的地理位置也不太有利，商城所处火车站的地段一向被视为黄金地段，但是如果仅以流动人口为消费对象，那它远不能满足国际商城试运营时近 2 万平方米商铺的经营能力，因此国际商城的市场定位应该是流动人口市场和固定人口市场并举。如果要吸引本市固定居民，地理条件便远不如市中心商业繁华地段。

(三)企业导入 CI 的有利条件

当然，常州国际商城导入 CI 有着起决定因素的内部客观因素。

1. 合资企业运作机制的优势

国际商城为常州首家境内外合资大型商业经营企业，因此有全新的用人和管理体制。

2. 业已奠定的实践基础

强调树立企业形象并不是自导入 CI 之日起始的，早在 1992 年企业成立之时，该企业就非常强调时时处处维护与体现企业的形象，要求员工把自己看作企业的一部分，任何时候都要以企业的利益为重，最初倡导的员工精神就是“忠于公司利益，实现自我价值”，它体现了现代人良好的职业风范与追求。

3. 员工素质普遍较高和年龄的年轻化

商场营业员的文化程度都在高中以上，管理人员更是向社会公开招聘的专业人才。整个公司有六百多位员工，平均年龄为 23 岁，这一点也有利于 CI 在企业内部的传播与推广，有利于 CI 在组织内部的渗透。

(四)行业内其他企业与CI相关的行动

近年来,我国掀起CI风潮,除了工业企业纷纷导入CI获得了巨大成功外,百货业导入CI也风起云涌。上海一百、深圳新世界广场、广州新大新等都已意识到企业形象这一无形资产对零售业的重要性,希望通过CI战略将企业理念、行为与视觉识别三者有机统一,真正进入一种系统、科学、合理的形象状态,从而在激烈的商战中独树一帜,创造信誉良好的服务形象。

正是基于以上情况的考虑,常州国际商城选择了导入CI。在1995年7月试营业前夕,常州国际商城即全面导入CI,以期在机遇与挑战并存的商业竞争之中,树立企业整体形象,亲切地走向社会,开拓现代服务业的新天地。

三、CI导入的策划方案

受托担任CI整体设计的专业形象公司在企业的密切配合下,进行了企业前期实态和外部市场的调研作业。经过一系列紧张而有序的开发设计,至1995年年底完成了策划与设计工作。策划与设计工作包括作为CI体系核心的企业理念识别系统,规范员工行为的企业行为识别系统,以及以标志、标准字为核心的企业视觉识别系统等。

(一)企业理念识别系统策划

1.企业理念

常州国际商城确定"贡献富裕新生活"为企业的经营理念及企业使命。一是为日益繁荣、富裕的新生活做出贡献;二是把富裕、繁荣奉献给大众,让他们体验一种新生活。努力遵循受益社会又反哺社会、回报公众的高品位的商业准则,清楚地表达出企业存在于社会的意义,引起社会的反响并获得认同,形成一种良性的互动循环。企业所进行的公关活动和促销活动,也都围绕这一主线,体现出国际商城的现代商业观:受益于社会,反哺社会。

2.经营思想

确立起"以人为本,建立国际大视野,创造卓越企业"的经营思想,也就是要在明确了"做什么"的同时解决好"怎么做"的问题。

人是企业最大的资本,是企业的出发点与归宿。国际商城经营思想最重要的一点就是确立"人"为第一要素,它又包括以下三层含义:

(1)人才是企业成功之母。一个企业集聚了人才不一定就会成功,但是没有人才是绝对不会成功的。市场经济的核心是竞争,而竞争的核心是人的竞争。企业的运转与更新、转换与发展,与每个员工的坚韧意志与勤奋劳作,与每个员工充分的想象力、务实的冒险胆略是分不开的。

(2)人是企业管理中最活跃的因素。人不是一成不变的,是动态的、变化的、发展的。

(3)人的工作是企业里最难做的工作。一个企业成也在人,败也在人。

3.企业定位

经济的发展日益趋于全球经济、世界经济的态势,作为一家新兴的商业企业要用更高远的眼光看待这一发展动态,经营立足高起点,服务追求国际化,努力与国际经济接轨。

(二)企业视觉识别系统策划

1.企业形象定位

用卓越的管理、卓越的质量、卓越的形象,树立起国际商城的国际化形象。

2.企业标志

企业标志是企业理念的直接核心体现。标志的整体如植物状造型,透过绿色的标准色,给人以勃勃生机的感觉及强烈的视觉冲击力,三点立足,象征着"人和、严谨、高效"的现代企业行为基准,向外呈扇形舒展，象征着企业国际化发展的思路及向外拓展的战略，准确地体现了企业的经营思想与行为基准。

3.员工的仪容仪表

员工穿戴统一的衣服、帽子，佩戴绿底白字的指示吊牌。

4.企业吉祥物

采用一个活泼可爱的卡通形象作为企业的吉祥物，这个形象既显示了企业的亲和力，又表示出国际商城是一个充满活力的企业。

(三)企业行为识别系统策划

1.全面开展公关活动，致力于建立各方关系，树立良好的有亲和力的企业形象

(1)加强与社会各界的联系，争取社会公众的理解与支持。积极依靠常州市委、市政府，争取其认同，使企业成为市内重点培植的大型企业集团。

(2)密切关注市委宣传部及各新闻媒体的宣传取向，结合企业发展战略造势，争取成为公关媒体宣传的重点。

(3)建立并保持与客户的良好关系，为客户提高超值服务，以良好的信誉提高企业的美誉度。

(4)真诚参与社会公益活动，提高企业知名度与美誉度。

(5)积极开展公共宣传活动，强化企业的形象力与向心力。

2.精心选用和实施广告策略，宣传企业的服务宗旨

(1)常州国际商城广告词："开创美好未来，提高生活质量"；"托起城市辉煌，营造舒适购物环境"。

(2)广告标的：以诱导性广告为主体。常州国际商城的服务对象是广大市民，因此采用这种广告可以吸引消费者前来购物。

3.企业内部管理行为策划

(1)企业行为基准："人和、严谨、高效、卓越"。这是对企业内部员工行为的一种规范和约束。员工之间倡导人和，工作态度务必严谨，工作效率实现高效，共同创造卓越的企业。

(2)企业口号：忠于公司利益，实现自我价值。

(3)员工共同价值观：公司为上，事业为先；集体为根，企业为本；清正廉洁，淡泊名利；团结友爱，正直为人；以客为尊，我为人人。

(4)员工的工作格言："国际商城是我家，我爱商城我爱家"；"商品有价，服务无价"。

(5)员工礼仪：坚持礼貌待客，谈吐文雅，行为文明。

四、CI导入的过程

从1995年4月正式开始CI的策划、设计和推广，常州国际商城导入CI的过程可以分成三个阶段：1995年4月至1995年年底是初始阶段，1996年是调整阶段，1997年以来是深化阶段。

(一)初始阶段

1995年4月常州国际商城正式开始导入CI的第一阶段——开发设计阶段。

在前期的设计发表后，企业即不遗余力地予以全面推广。对内进行了广泛、深入的宣传。首先，强化企业中高层管理人员的意识，然后自上而下，逐级强化，逐级灌输。其次，通过各种方式，如每天早晨的升旗仪式、员工宣誓、早晚训话等对员工进行企业理念的潜移默化式的传播，使之逐渐转化为一种自觉的意识。还举办各种活动，通过不同的渠道，不断地传播、强化员工的意识。在导入CI后不久的一次对顾客的调查结果显示，接受调查的520人中认为营业员服务态度很好的占58.68%，较好的占39.52%，得到了消费者的一致好评。导入CI的成效初步得到了印证。

对外，配合开业整体宣传，有计划地不断推出商城的新形象，通过标志、吉祥物、员工誓言、服务承诺等

一系列的报纸广告宣传商城导入CI。在开业前夕，国际商城组织了一次促销活动，产生了极大的反响，引发的强烈效应配合开业系列宣传，将开业的轰动效应推向了高潮，试营业第一天即创下80万元的销售业绩，此数字在当时的常州是破纪录的。

据数次调查问卷的数据表明，国际商城的顾客构成中，市区固定人口已超过50%，而此前固定人口消费仅占15%，CI战略功不可没。

（二）调整阶段

全面导入CI战略并向社会初步推广以后，取得了良好的反响，对此企业保持着清醒的头脑，在短短的时间里导入的CI，肯定有不完善的地方，于是1996年即着手进行社会调查，并进行效果评估。分别组织对内部员工和社会公众的调查，向他们了解企业理念、企业标志认知度，征询对视觉识别系统设计的满意度，等等。结果显示认知度及满意度达到80%以上，作为一个新企业，这个数字说明国际商城的CI工程已初步获得社会认同。公众意见比较多地集中在部分视觉识别系统中应用物品的设计上。根据此结果，提出了CI设计提案的调整意见，请来形象设计公司结合企业实际情况，进行具体调整，使企业的形象更加完善。

（三）深化阶段

1997年对于国际商城来说又是一个新的开端，1月25日装修一新的近2万平方米的商场正式投入营业，国际商城继续推行以"贡献富裕新生活"为核心理念的CI战略，在营销策略上，推出一个又一个高品位、可操作、效果好的促销活动。在开业伊始即以一场以情、以行为内容的"经商不言商"的亲情战略轰动了常州，树立了现代商业经营企业的新形象。开业后又接连不断地推出各种营销举措，有节用节，无节造节，在常州商界引发了一轮又一轮的促销战，而国际商城作为引领者，始终站在潮流的浪尖上。

在企业内部，公司始终把塑造员工良好的形象当作塑造企业形象的一个相当重要的方面，坚持"以人为本"的经营思想，以建立企业文化，努力营造浓厚的文化氛围来提高员工的素质，培养员工共同的价值观，使员工和企业忧乐同享，感到自己是企业的一分子，从而产生归属感和自豪感，积极性被充分地调动起来。商城创办了《走向国际》企业报，加强各方联系，宣传企业形象，在企业内部营造浓厚的文化氛围。另外，企业还组织了丰富的娱乐活动，活跃员工的业余生活，陶冶员工的高尚情操。

这些举措充分体现了国际商城"以人为本"的经营思想，在全体员工建立充分的共识和责任感的基础上，保持企业强大的凝聚力和向心力。

功夫不负有心人，1997年在市场条件异常艰苦的情况下，国际商城开业第一年即一跃跻身于全市屈指可数的亿元商场之列。

常州国际商城能打出品牌经营的旗号，开辟出特色系列化经营的新路，并辅之以CI等高品位的战略策划和战术运用，必将成为大型商场新一轮竞争的胜者。

六、CI导入的体会与分析

CI是一门涉及面极为广泛、理论相当高深复杂又必须经由实践发挥其巨大效用的解决问题的学问。我们可以从常州国际商城导入CI中得到如下启示。

1. 企业领导者的价值观与信念是CI的核心，也是成功导入CI的保障

这包含了两层意思。一是企业领导者是公司的灵魂人物，他的一言一行直接代表着企业，他的思想、意识与胆略直接决定着企业的行为和命运，领导者的价值观实际上决定了企业的价值观。而CI所要体现的核心理念部分，是反映领导者以他自身的价值观为出发点所产生的对企业前途的把握、对企业现状的理解、对

企业发展的思考,因此领导者的价值观就是 CI 所要体现的核心。二是 CI 是一种新型的经营战略,需要渗透到企业的各个层面,并且要在企业内外长期持久地实施推广,方能产生真正的功效。这些都必须以领导者坚定不移的信念为导向,甚至在领导者的直接统率下进行。

2. CI 是注重全员参与及长期推广的战略

CI 在我国是新生事物,社会各界包括企业界对 CI 的认识与准备还不充分,缺乏专业人才,并且 CI 工程是企业的一个长期的综合积累的项目,企业导入 CI 是企业的第二次创业,属于企业长期经营战略的内容,而企业在 CI 方面的投资,应该理解为一种广义上的储蓄。因此,我们首先要认识到,如果企业员工对 CI 的认识从理解接受到支持和积极参与这个问题解决不好,导入 CI 就只能收到事倍功半的效果,因此,如同前面所介绍的,要利用一切机会向全体员工进行教育与灌输,并不断深化,在公司每个员工的心目中形成强烈的 CI 意识。在国际商城的 CI 实施过程中,对员工的教育工作是永远不会停止的。

3. 企业理念统领下的企业行为与企业视觉识别系统相互作用的 CI 体系

众所周知,CI 设计本身是一门塑造优美企业形象的科学,但它不是光凭漂亮的外表就可以完整地体现企业形象。相反,应该是在企业理念的指导下,透过员工的行为及整体的视觉识别系统将企业的整体形象传达给公众。领会了 CI 的这个特征,就能在导入过程中较好地注重企业理念在员工中的渗透、理解,使员工自觉地接受与认同,并转化到日常的服务中去。

4. 合资企业内部的现代运作机制和外部的政企分开是 CI 导入的基础

国际商城是常州首家境内外合资的商业零售企业,企业的用人机制、管理机制也都与合资企业的特性相吻合。合资企业运作的高效率,提倡工作时间里除了工作还是工作,紧紧张张工作,轻轻松松做人,领导者的绝对权威、政令的畅通、政令的有效和外部的行政干预较少等都为 CI 导入与贯彻实施打下了一定的基础,这是一般中资企业无可比拟的优势。正是在这样的环境下,企业确立了“人和、严谨、高效、卓越”的行为基准,要求每位员工在工作中倡导人和、体现严谨、实现高效,以追求卓越,这不仅仅是停留在口号上、规划上,而是要成为每位国际商城人的共识,落实到具体行动上。

课后练习

选一个年产值在 1 000 万元以上的企业,按本课程所讲授的方法,对该企业的企业形象进行详细的剖析,同时提出自己的观点和看法。

要求包含如下内容:

有该企业经营情况的介绍;有对该企业形象建设的分析过程(要求有缺点分析);要求涵盖企业形象设计的主要方面,不得有遗漏;不可照搬照抄现有的方案;字数不得少于 600 字。

Qiye Xingxiang Sheji

第五章

VI基础识别部分

企业视觉识别系统即 VI 设计，是承载企业形象系统的重要载体。它是将 CI 系统中非可视内容转化为视觉识别符号，用来塑造企业形象，建立企业知名度，并将企业经营理念、行为规范，即企业文化内涵，传达给社会公众的系统策略，是企业整体视觉形象的总和。VI 设计主要由两大部分组成，即基础识别部分和应用识别部分。其中，基础识别部分主要包括标志、标准字体、标准色、辅助图形、吉祥物、标准组合等，这部分内容从根本上规范了企业视觉的基本要素，是整个 VI 识别系统的核心和灵魂。

第一节
标 志 设 计

标志是表明事物特征的符号，是对事物、事件、抽象的精神等加以高度概括、凝练和总结，以精练的形象向人们表达一定的含义，形成能够传情达意的图形或文字符号。标志具有强烈的信息传递功能，容易被人们理解、接受，并成为国际化的视觉语言。不同的历史时期和文化背景下，标志的概念和内涵也不尽相同，现代的标志设计也称为 LOGO 设计。优秀的标志设计，不仅能够传递信息，同时，还承载着设计师赋予它的灵魂与内涵。

现代的标志设计是企业、机构、商品和各项设施的象征形象。标志、徽标、商标是现代经济的产物，它不同于古代的印记，现代标志承载着企业的无形资产，是企业综合信息传递的媒介。标志作为企业 CI 战略的最主要部分，在企业形象传递过程中，是应用最广泛、出现频率最高，同时也是最关键的元素。企业强大的整体实力、完善的管理机制、优质的产品和服务，都被包括在标志中，通过不断宣传刺激和反复刻画，深深地留在受众心中。

一、标志的起源

标志设计早在我国古代就已经产生，标志的来历，可以追溯到上古时代的“图腾”。那时每个氏族和部落都选用一种认为与自己有特别神秘关系的动物或自然物象作为本氏族或部落的特殊标记，即图腾。如女娲氏族以蛇为图腾，夏禹的祖先以黄熊为图腾，还有的以太阳、月亮、乌鸦为图腾。最初人们将图腾刻在居住的洞穴和劳动工具上，后来就作为战争和祭祀的标志，成为族旗、族徽。国家产生以后，又演变成国旗、国徽。

随着人类的发展，殷商时期出现了甲骨文，甲骨文又称为殷墟文字、殷契，是中国商代后期王室用于占卜记事而刻在龟甲和兽骨上的符号，也是我国最早的象形文字。甲骨文归纳和提炼了事物的特征，利用各种图形符号传递信息。我国汉代，出现了印记和封泥，封泥是指货物、信件等物品捆好后用泥巴固封，然后按上印章。这样做一是为了防止物品在送达目的地前被拆封，二是表明这些物品的来源。这些都可以称得上是标志的雏形，为现代标志设计奠定了一定的基础。

古代人们在生产劳动和社会生活中，为方便联系、标示意义、区别事物的种类特征和归属，不断创造和广泛使用各种类型的标记，如路标、村标、碑碣、印信、纹章等。广义上说，这些都是标志。在古埃及的墓穴中曾发现带有标志的器皿多半是制造者的标记和姓名，后来变化成图案。在古希腊，标志已广泛使用。在罗马和庞贝以及巴勒斯坦的古代建筑物上，都曾发现刻有石匠专用的标志，如新月车轮、葡萄叶，以及类似的简单图案。中国自从有作坊店铺，就伴有招牌、幌子等标志。在唐代制造的纸张内已有暗纹标志。到宋代，商标的使用已相当普遍。如当时济南专造细针的刘家功夫针铺，就在商品包装上印有兔的图形和“认门前白兔儿为记”字样的商标。欧洲中世纪士兵所佩戴的盔甲，头盔上都有辨别归属的隐形标记，贵族家族也都有家族的徽记。

随着时代的发展，我国的经济文化日益繁荣。可以说，时代为标志设计提供了一个前所未有的实践空间，社会也对设计师的创作寄予了更高的希望。今天，信息时代的到来使传统的阅读方式受到了空前的挑战。人们可以通过网络、数码等途径快速地获取大量信息，与此同时，信息更替的速度也随其传播速度不断加快。一些特点不够鲜明的标志就会淹没其中，被人们遗忘。这就要求设计师把握时代脉搏，积极探索，创作出更多醒目的、鲜明的、充满个性的作品。

早在公元前 3 000 年，古埃及人就已经用莎草制成标记贴在盛物的陶壶上，用以区别各种器皿，这可能就是最早的标志了。

随着人类社会的发展，商品经济的繁荣，商品的种类也不断增加。商品越多，用以区分商品的标记也就越重要。国外最早的商标是 1473 年出现在英国伦敦的印刷商标，比我国济南刘家功夫针铺的商标晚了几百年。

在资本主义制度下，为确保商品的公平竞争，需要完善的法律体系作为其发展的根本保障，现代的商标法律制度就是在这种历史条件下形成和发展起来的。其中具有代表性的是法国，1803 年，法国制定的《关于工厂、制造厂和作坊的法律》是现代商标管理法律制度的开始。自此以后，资本主义各国开始了真正意义上对商标权的保护。例如，1862 年英国制定的《商品标记法》。德国、美国日本也先后制定并颁布了商标法。

19 世纪，随着市场经济的发展，商品竞争日益激烈，促使标志设计在艺术形式上力求打破传统、求新求变。其中，比较有代表性的是德国、法国、美国、日本等国家。这些国家的标志设计不仅新颖美观，同时凝聚了各国不同的风土人情，不同的社会和民族特性，不同的面貌与气质。

德国的标志设计多以点、线、几何形体为主，给人以冷静、理智、庄重、肃穆的感觉，从而形成以其为代表的北欧设计风格。法国的标志则多用曲线，给人以清新、自然、活泼、浪漫的气质，形成了以其为代表的南欧设计风格。美国作为设计界的后起之秀，凭借其科学技术和经济实力的迅速崛起，在设计上也不落俗套，讲究新颖，自成一格。20 世纪 50 年代末期，日本的工业和科技有了飞跃发展，在标志设计方面，紧随潮流的同时还保持了本民族的自身特色，理性而现代，同时充满了神秘的东方色彩。

到 21 世纪，公共标志、国际化标志开始在世界普及。随着社会经济、政治、科技、文化的飞跃发展，如今，经过精心设计而具有高度实用性和艺术性的标志，已被广泛应用于社会的各个领域，对人类社会的发展与进步发挥着巨大的作用和影响。一门新兴的科学——“艺术符号学”应运而生成为历史必然。

进入信息时代，各国的标志设计互相渗透，已经没有明显的差别了。简洁醒目、崇尚自然成为世界标志设计的共同趋势。

1. 多元化的发展趋势

任何事物的发展都不会一成不变，标志设计也并非永远朝着一个方向前进。改革开放以来，我国的标志设计逐渐与国际接轨，并呈现出多元化的发展趋势。计算机的广泛使用为现代设计提供了更多的创作空间，各种形式的标志设计纷纷涌现，表现手法新颖多样。既有二维的平面标志，又有三维的立体标志，网络标志的日益盛行为设计领域平添了一道绚丽的风景。

2. 个性化的发展趋势

易于识别、便于记忆是标志设计的基本原则。随着贸易发展国际化的趋势，层出不穷的各类品牌要想使消费者快速记忆并留下深刻的印象，就要准确把握品牌个性，积极创新表现形式，充分彰显品牌魅力。

例如：腾讯发展至今已经成为集即时通信、新闻门户、在线游戏、互动娱乐等为一体的综合性互联网公司。其品牌标志为绿、黄、红三色轨迹线环绕小企鹅的图案配以中文“腾讯网”和英文“QQ. com”：绿色，表示通过学习创新，为客户提供日新月异且具有蓬勃生命力的网络产品；黄色，表示通过整合创新，为客户提供温暖可亲的多元化互联网服务；红色，表示通过战略创新，倡导年轻活力，创意无限的 QQ 生活。其主打形象——小企鹅以剪影的形式位于标志图形的中心位置，整个品牌标志散发出蓬勃向上的气息，充满个性与活力，给人留下深刻的印象。

作为腾讯竞争对手的 MSN 网站，主要针对的是中国的办公室白领用户。品牌定位为时尚、生活、娱乐。MSN 的用户具有收入高、学历高等特征，对品牌的整体格调比较敏感，因此 MSN 的标志设计及品牌形象具有清新、简洁、时尚的特征。

3. 艺术化的发展道路

标志中的艺术美能给人们带来视觉上的享受，这些设计具有巧妙的构思、熟练的技法、合理的安排、恰到好处的色彩，在全球信息大融合的时代背景下，能够引起人们更多的关注，使其在众多标志中脱颖而出。

随着数码产品的普及，现代标志设计已经打破了原来二维平涂的单一效果。摄影技术和数码印刷等科技手段的应用，使各种形式的标志设计为可能。水彩、水墨、油画、拼贴等艺术手段也融入其中，成为现代标志设计中新的表现形式，那些充满艺术气息，构思巧妙、形式新颖的标志使人赏心悦目，印象深刻。

4. 品牌中的标志设计

当人们提到“奔驰”“哈根达斯”“耐克”“诺基亚”“苹果”“香奈儿”等国际知名品牌时，联想到的不仅仅是这些品牌以及该品牌的产品类型，更多的是其背后的产品服务及其产品给人的印象。在市场经济高速发展的今天，当面对商场货架上琳琅满目的商品时，品牌的塑造就显得尤为重要，如何让产品在第一时间映入消费者的眼帘，这便是标志在塑造品牌整体形象中应起到的关键作用。

我国各地有很多百年老店，人们对这些传统老字号耳熟能详。正如我们提到上海老店“杏花楼”时，不仅会自然地联想到可口美味的糕点月饼，同时，还会想到那古色古香的建筑，以及百年老店人声鼎沸的场景，这些印象伴随着产品的附加值通过其品牌形象而得以体现。可以说，品牌形象的建立，直接关系着产品推广的成败，而标志则是品牌整体形象的集中体现。

阿迪达斯是当今世界著名的运动品牌之一，与耐克、锐步等品牌一起占据了全球体育用品消费的主要市场份额。阿迪达斯以产品创新为发展动力。1972 年首次采用寓意着奥运精神的商标，它代表着将三个大陆板块联结在一起的世界地图。现在，它是阿迪达斯经典款产品和限量版产品的专有标志。而阿迪达斯的三线商标早在 1949 年就已经问世，它象征着成功与胜利，有“胜利三线条”之称，主要被用于阿迪达斯的运动产品。今天，阿迪达斯依然是全球最著名的运动品牌之一，它的产品在全球各个国家持续热销。人们通过标志会自然联想到阿迪达斯产品优雅的款式、运动的风格、过硬的质量和创新的精神。

标志，犹如无声的语言，它象征着产品的信誉和品质，更象征着一个企业的精神与梦想。

二、标志设计的社会功能

1. 质量保证

在市场经济中，没有商标的物品只是产品，不能作为合格的商品进行销售。商标，是市场交易中不可或缺的重要内容，是厂家对商品质量的承诺，也是商家博得消费者信赖的保证。标志的本质在于它的功用性。经过艺术设计的标志虽然具有观赏价值，但标志并不是为了供人观赏，而是为了实用。标志是人们进行生产活动、社会活动必不可少的直观工具。

正规的商品都有商标作为质量的保证，这样，消费者在选购商品时，可以通过商标认证确保商品是否合格。很多质量认证机构确认商品合格的方法是在产品包装上印刷或粘贴质量合格的标志，证明其产品已经通过质量检测。生产厂家以此标志作为对消费者的郑重承诺，消费者也可以通过这些标志放心购买。

标志有为人类共用的，如公共场所标志、交通标志、安全标志、操作标志等；有为国家、地区、城市、民族、家族专用的标志；有为社会团体、企业、活动专用的，如会徽、会标、厂标、社标等；有为某种商品专用的商标；还有为集体或个人所属物品专用的，如图章、签名、落款、烙印等，这些标志都具有不可替代的独特功能。具有法律效力的标志还兼有维护权益的特殊使命。

2. 区分商品

走进商场，各种商品琳琅满目。商标，不只是质量的保证，同时也代表着商品本身："兰蔻""资生堂""迪奥"使人联想到进口化妆品；"劳力士""伯爵""浪琴"使人想到价格不菲的瑞士手表；"兰博基尼""布加迪"使人想到性能卓越、驾驶舒适的跑车；"GUCCI""宝姿"则又代表着制造精良、引领时尚潮流的箱包与服装。

同时，商标也是商品受到法律保护的主要依据。近年来，商标抢注的事件频频发生，这其中的主要原因是商标产生的附加值能够带给企业特殊的意义。可口可乐公司曾经宣称：即使世界各地的工厂在一夜之间化为乌有，凭借可口可乐标志的魅力进行融资，依然可以在短时间内迅速恢复生产。可见，成功的品牌是企业无形的资产，能够给企业带来巨大的利润。那些得到消费者信赖的知名品牌，其拥有企业已经凭借标志在市场竞争中占得先机。

标志最突出的特点是具有独特的面貌，易于识别。显示事物自身特征，标示事物间不同的意义、区别与归属是标志的主要功能。各种标志直接关系着国家、集团乃至个人的根本利益，绝不能相互雷同、混淆，以免造成误导。因此，标志必须特征鲜明，令人一眼即可识别，并过目不忘。

凡经过设计的非自然标志都具有某种程度的艺术性。既符合实用要求，又符合美学原则，给人以美感，这是对标志的艺术性的基本要求。一般来说，艺术性强的标志更能吸引人和感染人，给人以强烈和深刻的印象。标志的艺术化是时代和文明进步的需要，是人们文化素养的体现和审美心理的需要。

标志无论是要说明什么、指示什么，无论是寓意还是象征，其含义必须准确。首先要易懂，符合人们的认识心理和认识能力。其次要准确，避免意料之外的多解或误解，尤其应注意禁忌。让人在极短时间内一目了然、准确领会，这正是标志优于通常语言的长处。

3. 宣传促销

在产品销售的过程中，标志的使用不仅可以帮助消费者区分辨认、选购商品，还能为生产企业进行无形的宣传。消费者可以通过标志了解生产企业,从而提高企业的知名度。

每一种产品在刚刚进入市场流通时,对于消费者来说都是陌生的,优秀的产品在得到消费者认可的同时,其标志也被人们所熟识,它代表着产品特定的品质、独特的气质与风格。标志,拉近了企业与消费者之间的距离,人们认同产品标志的同时也对生产企业产生了信任感;标志,起到了宣传企业、建立信任、促进销售的作用。

4. 美化产品

"阿迪达斯"标志上的三叶草造型、"耐克"运动鞋上的标志图形、"中国银行"古钱币造型、"可口可乐"易拉罐上的流线型字体,这些标志已经与产品本身融为一体,成为产品不可或缺的一部分。优秀的标志既可以表明产品的属性,又起到了美化产品的作用。"耐克"运动品牌中的多款 T 恤衫都以"耐克"标志作为主要图形,将其印制在 T 恤衫上,独具特色,彰显运动气质。

三、标志设计的原则

1. 内涵明确

标志是表明事物特征的符号,它的本质是传播信息。成功的标志设计能够准确传达企业或产品的内涵、理念、个性和特点。进行标志设计首先要从传播信息的功能出发,准确定位、巧妙构思,把握企业或产品的诸多方面,通过分析、整合、凝练、挖掘,创作出能够传达其核心理念的符号。标志所表达的独特含义应当与消费者接收、感觉到的内容相一致。

例如,北京申奥标志是一幅中国传统手工艺品图案,即"中国结",它采用的是奥林匹克五环标志的典型颜色。图案表现了一个人打太极拳的动感姿态,其简洁的动作线条蕴涵着优美、和谐和力量,寓意世界各国人民之间的团结、合作和交流,既气韵生动,又行云流水,将书法、儿童时期的游戏等有机结合起来,具有思维之美、创新之美、形象之美。

2. 易于识别

走进超级市场,里面形形色色的商品让人眼花缭乱、目不暇接。货品按照类别被整齐地码放在一排排货架上。商品标志的可识别性在这里就显得尤为重要。品牌标志易于识别、方便记忆的商品比那些标志晦涩难懂的商品有更多机会被消费者购买。对按照个人习惯进行购买行为的目标消费者来说,易于识别的标志可以在短时间内从众多品牌中脱颖而出。

易于识别和记忆的企业标志也更容易被人们接受,从而对企业产生认同感。成功的标志设计包含易懂的图形、可读的文字、鲜明的色彩,使人一目了然。

IBM(国际商业机器公司)是全球十大品牌之一。1911 年创立于美国,是全球最大的信息技术公司,其业务遍及 170 多个国家和地区,被誉为"蓝色巨人"。2008 年,IBM 公司的全球营业收入达到 1 036 亿美元,在美国共计注册 4 186 项专利,成为美国历史上首家在单一年度专利注册数量超过 4 000 项的公司。IBM 的全称为"国际商业机器公司",这样的名称在传播上难以记忆,而且不易读写。于是,该公司设计出了以 IBM 这三个字母作为主体形象的标志,简洁大方、易于记忆、方便读写。今天,其品牌价值已经随着公司的不断发展与日俱增。可见，容易识别、方便记忆的标志对品牌形象的塑造至关重要，它直接关系着一个企业的生存与发展。

商品标志设计对简练、概括、完美的要求十分苛刻，即要设计出几乎找不到更好的替代方案的标志，其难度比其他任何图形艺术设计都要大，个性必须独特，特征必须鲜明，只有这样富于创造性的标志才有生命力。

在市场环境中，标志能够醒目、突出，达到迅速和容易识别的效果。标志所附带的文字是否在大都市繁华纷杂的商业区醒目突出，是比较有效的检验方式。易于识别是标志的目的和设计原则，因此要求标志在外观上新颖独特、色彩强烈，注重对比的鲜明性和生动性，要有较强的视觉冲击力，这样才能实现传递信息的良好开端。

标志设计需要充分考虑实现的可行性，针对标志的应用形式、材料和制作条件采取相应的设计手段，同时还要顾及应用于其他视觉传播方式（如印刷、广告、影像等）或放大或缩小时的视觉效果，设计应在详尽明了设计对象的使用目的、适用范围及有关法规等情况和深刻领会其功能性要求的前提下进行。

3. 个性突出

今天，我们生活在数字化的时代，各种媒介以极快的速度进行信息的更新，只有特点鲜明的事物才能够给人留下深刻的印象。标志设计中的图形、文字和色彩都应该具备其独特性。个性突出、特点鲜明的标志更具吸引力。

标志艺术语言必须单纯，力戒冗杂。一切可有可无、可用可不用的图形、符号、文字、色彩坚决不用；一切非本质特征的细节坚决剔除；能用一种艺术手段表现的就不用两种；能用一点一线一色表现的绝不多加一点一线一色。高度单纯而又具有高度美感，正是标志设计艺术的难度所在。

遵循标志设计艺术规律，创造性地探求恰当的艺术表现形式和手法，锤炼出精当的艺术语言，使设计出的标志具有高度的整体美感、获得最佳视觉效果，这也是标志设计艺术遵循的准则。标志设计艺术是一种独具符号艺术特征的图形设计艺术。

苹果公司的标志最初是牛顿坐在苹果树下的图案，周围有飘带缠绕，写着“AppleComputerCo.”的字样。不过，由于这个徽标过于复杂，不利于记忆、复制和传播，所以只使用了很短的时间。后来就有了这个被咬掉一口的苹果图案。恰恰是这个缺口，使苹果标志充满了活力和朝气，引起了大家的新鲜感和好奇心。2003 年，苹果公司更换了标志，将原有的彩色苹果换成了一个半透明的、泛着金属光泽的银灰色苹果。新的标志更加立体和时尚，也更符合年轻消费者独特的审美观和个性的追求。

4. 持久耐用

人们对于标志的理解，有一个从认识到接受再到熟记的过程，这个过程根据每个标志带给人们不同的视觉感受，或长或短。在这个过程中，标志的应用应该具备统一性和延续性。频繁地更换标志，会给人们带来视觉上的混乱，不利于建立统一的、持久的品牌形象。

“耐克”是世界运动品牌中的佼佼者，1962 年由田径教练比尔·鲍尔曼和运动员菲尔·奈特创办。耐克标志象征着希腊胜利女神的翅膀，代表着动感与速度。弯钩的形状，简洁而有力，让人联想到使用其产品所产生的速度与爆发力。该标志具有时尚、年轻的鲜明个性，易于识别与记忆，在长期的销售过程中，其魅力经久不衰。

5. 时代特征

成功的标志设计能够引领时尚潮流，体现时代特征。不同的时代有不同的文化背景、不同的心理需求和不同的艺术形式。在经济贸易全球化的今天，标志应该具有广泛的应用性，无论在何种背景或环境中使用，无论放大或缩小，无论是动态还是静态，无论应用于何种媒介，都应该准确无误地传递信息。设计师应该充分掌握相关知识，把握时代脉搏，积极探索恰当的表现手法，创作出承载企业精神、体现时代特征的标志。

例如佳能公司的标志设计，为适应时代的需要，历经数次变革。1930 年，佳能公司的创始人 Goro Yoshida 和他的姐夫 Saburo Uchida 在日本创建了精密光学仪器实验室。4 年后，他们制造了第一台照相机，并将其命名为 “Kwanon”(观音菩萨)。也正因如此，该公司的第一个标志就是千手观音的图案。由于该标志过于复杂，Goro Yoshida 最终将公司名称和标志都改为“Canon”，“Canon”的发音近似于“Kwanon”，且标志设计更加简洁、明确、易于传播，符合时代发展的需要。

再如 1982 年，程序员约翰 · 沃诺克和查尔斯 · 格什克创建了一家名为 Adobe 的软件公司。公司创建之初，为了降低成本，Adobe 的标志由沃诺克的妻子设计。随着公司的不断发展，Adobe 更新了原有的标志，新的标志更加简洁单纯、易于识别，适合全球范围的广泛传播。

诺基亚创建于 1865 年，在不同的历史时期，该公司曾进军不同的行业，包括造纸、橡胶、机械、电缆等。1992 年，诺基亚开始战略转型，即由造纸、橡胶、机械、电缆等传统行业向计算机、电子消费品和电信等高科技领域转型，其标志也随着企业转型而不断变化。诺基亚的标志简洁、易懂，其设计充满了现代感与科技感。

四、标志设计的分类

1. 文字标志

文字是人类用来交流信息和承载历史的媒介，它以系统的笔画符号为特征。最早的文字有：苏美尔人的楔形文字，中美洲玛雅人创造的玛雅文字，古印度人创造的梵文和华夏民族创造的甲骨文。这些文字因时代、地域、民族、文化等因素的不同，其产生和消亡的时间、传播和影响的地区，对人类的影响也不尽相同，但它们有共同点，那就是它们都是一种约定性记录信息的记号，集语义、语音、笔画于一体，是人们交流、传播的书写工具和视觉媒介。这些文字本身所特有的“形”，是人们理解“意义”与“转化音”的依据。

文字形式的标志作为标志设计的一种表现形式和阅读文字是两个不同的概念，它具有两方面的特点：一方面是用文字的本义或字形作原创元素来挖掘字与标志的关联，提升标志符号创意中的“意”；另一方面以文字的字形或主笔画特征再现标志的“形”。标志文字与阅读文字的区别在于前者在图画性、图形性、符号性方面较后者有所增强。因此，文字形式的标志使标志语言的表达力得到了充分体现，即字与图的同构。文字形式的标志有汉字标志、拉丁字母标志、综合字标志和数字标志四种类型。

1)汉字标志

汉字标志是以汉字为元素进行创意的标志。汉字是汉语的书写形式，是汉民族的祖先经过长期社会实践而创造的一种文字符号系统，也是世界上历史最悠久的尚在使用的文字体系。以汉字作标志是传承中华文化的直接体现，汉字标志和拉丁字母标志相比，具有许多优势，拉丁字母标志虽然简洁直观，但 26

个字母的有限性使组合的标志容易造成近似和雷同。汉字字形笔画变化多样，左右结构、上下结构、左中右结构、上中下结构、独体结构等使得汉字字形简而不少、繁而不多。每个字形都是经得起推敲的视觉符号，在此基础上对其打散重构，转换成标志形象，使其具备了形态上的优势。用汉字作元素设计标志，有更多的变化。在世界各民族的文字中，汉字是最具特色的文字之一，自产生以来，经过几千年的变迁，至今仍然保留着它独有的字形。汉字有着其他设计元素、设计方式不可取代的设计效果，是一种非常丰富而巨大的设计资源。

随着时代的发展，站在信息化、视觉化、艺术化的视角审视，汉字无疑是一种有巨大生命力和感染力的设计元素，尤其广泛运用于现代企业的标志设计，铸就了现代视觉传达设计的一道亮丽的风景线，演进为名副其实的文字信息传达媒介。如香港设计师靳埭强设计的“中国银行”标志，在滚圆的古代铜钱形中融入一个“中”字，似两扇上了锁的门，象征安全与守信。形象无国界，一个图文并茂、内涵丰富的视觉符号能够准确而生动地传递出企业的经营内涵。

2)拉丁字母标志

拉丁字母是当今世界最具影响力的文字符号之一，是目前世界上使用最广泛的一种字母文字系统，也被称为“罗马字母”。

欧洲的拉丁字母最初起源于图画，后来规范为腓尼基字体，最后到罗马体，逐渐形成了水平位置上的正方、长方、三角、圆、垂直、水平、统一斜度的规范性字体。它以最简洁的符号形式表现，体现出高度的识别性，这种强化视觉识别或阅读的成功性演变在现代世界通用语言中一直被沿用。拉丁字母由 26 个字母组成，为了更加简洁易记，以单个字母为设计元素的标志非常普及，如字母“E”的变形延展、字母“H”的夸张修饰等。

拉丁字母具有国际语言的通用性，在世界范围内以字母作标志形象的标志占了八成以上。因此，用拉丁字母设计标志是一种国际化的象征，世界经济全球一体化使得品牌的国际化成为必然，不少企业的产品或服务为了走向国际市场，必须用拉丁字母形式去表现企业标志形象。所以，拉丁字母标志在世界范围内有更大的传播空间，由此，也反映了标志风格的发展和走向。拉丁字母在笔画结构上有单纯、数理、几何的特性，符合标志简洁、规范的基本要求，26 个字母的笔画造型，既有统一性，又有笔画个性变化之处。拉丁字母结构简单，基本上都是几何体，并有着丰富而有序的组合，而且字体种类多样，具备识别简洁，信息传递、概念传达明确快捷，元素组织构成系统推广方便等条件，所以在国际上应用很普遍，影响着标志设计的发展方向。每个字母都可以单独设计成标志，同一字母不同字体的笔画变化为拉丁字母标志设计提供了变化空间。拉丁字母一般分为单字母和词组两种类型。

(1)单字母标志。单字母标志是以企业或机构名称第一字母进行创意设计构成的字母标志。如皮尔·卡丹公司英文“pierre cardin”取首字母“P”进行标志的创意，这种形式的标志设计造型单纯、形象突出，有较强的识别感，看到标志很容易让人联想到该企业或机构的全称，具有一定的记忆价值。单字母标志在构成上形简易记，成为现代标志设计中一种十分流行的表现手法，在各行业的标志中均能见到这种形式的标志。单字母是缩写了的词，节约了空间，有简洁的优点，但因只有 26 个字母，其缩写词的使用又非常广泛，也容易造成标志近似和相同的可能，所以，在设计时应注意字母的特点和风格的塑造。

(2)词组标志。词组标志是用能够代表该企业或机构的一个词组来进行创意构成的标志，如中国 TCL 集团股份有限公司的标志就以“the creative life”三个单词的首字母组成“TCL”词组来进行设计的。词组一般由 2～5 个单字母构成，它们是词与词首字母的组合或是特定的字母组合。此类标志是产品品牌和企业、机构、活动名称的缩写。这一类标志因字母的读、识一体，其含义一目了然，所以被广泛使用，如“松下”“三星”“麦当劳”“易买得”“麦德龙”等品牌的标志。词组标志如用普通字体排列组合，容易显得平庸和常见，视觉冲击力不强。因此，在设计此类标志时要刻意对字体进行装饰，以突出标志的特点。

3)综合字标志

随着商业经济、文化发展的国际化趋势，东西文化结合也是必然的潮流。设计标志时采用国际通用的拉丁字母和中华民族特有的汉字进行组合设计，也已经成为设计师普遍采用的设计方法之一，这是两种文化结合的体现。

4)数字标志

数字标志是以阿拉伯数字 1、2、3、4、5、6、7、8、9、0 为元素设计的各种标志，并用数字的量化含义表达特定的标志意义。用数字构成的标志多用于与时间要素有关联的活动、服务，吉祥谐音的数字也常用于做标志名。如银行用“24”小时体现服务时间；餐饮业用“8760”表示“365 天×24 小时”；香烟用“555”；面包店用“85℃”；药品用“999”；酒吧用“1912”；软件用“360”等。以数字为标志造型元素，不再是简单的印刷体的阿拉伯数字，也不单是计时、计数符号，它有鲜明的形象性、艺术性和专属性。数字标志有三个方面的优点。一是独特性。用数字设计一个标志，在视觉上有注目性，用数字设计的标志比用图形、字母或其他元素设计的标志要少得多，少也是独特性的体现。二是记忆的深刻性。这是建立在独特性基础上的。据心理学家的测试，人们在瞬间对数字的记忆比对文字要牢得多，在日常生活中，见数必读，见数必记，已经成为一种人们与生俱来的习惯。三是数字造型的新颖性。与其他文字相比，数字笔画特别、造型简练、曲直分明，符号感高于其他文字，易于识别，便于变形。一些经过艺术设计处理的数字标志极具魅力和现代感。

2. 图形标志

人类用图形来表征事物的历史比用文字来表征事物的历史更久远，公元前 2 万年澳大利亚的土著居民就在岩石上用褐色石粉绘制手印、脚印、动物等图形用以交流和沟通，确切地说，在遥远偏僻的地区图形在识别方面具有不可替代性。图形形式的标志是指以抽象或具象的图形形态，来表现所要表达的内涵及意义的标志。图形标志既以几何形表意，又以自然形传神。如果没有意义的联想和说明，人们就只能通过标志形象的信息来识别和了解其内在的精神含义。图形形式的标志具有直观性、跨语言性和审美性的特征。

图形商标是指纯粹使用图形或记号所构成的商标。图形商标所能使用的图形的涵盖范围非常广泛，有着无限的变化空间和易于表达的视觉外观，它不受语言文字的限制，无论在使用什么语言文字的国度和地区，人们只要认识图形就很容易识别。

一般来说，以一个极其简单的几何图形，如一条直线、一条曲线、规则的三角形等所构成图形商标的主体，缺乏显著性。具备显著性的图形商标，应该有明确的构成主体和视觉中心，具有一看到图形便使人联想到对应的名称的作用。否则，一个杂乱组合、无构成主体或有多个主题的图形，既不利于消费者识别记忆，又不利于对应名称，即使该商标获准注册，要保护起来也非常困难。

由于图形设计的表达方式千变万化，即使是同一事物对象也可以被设计成不同的图形，被应用在不同的图形商标中。此外，由于每个人对图形的直观感觉不同，会造成不同的主观判断结果，因此，如果没有独创性的设计，纯粹的图形商标在注册前审查及注册后保护的难度较文字商标来说要大一些。

1)具象图形标志

具象图形标志是用较写实的手法来表现标志符号中的物象形态，这种图形标志的具象和绘画的具象有所区别，它不像绘画形式那样强求形似，而是以图形语言形式来组织处理形态。具象图形标志是设计者以富有创意的视角，选取能够揭示主体的物象，用合适的手法、明确的视觉风格，高度概括与提炼处理出来的有具象感的形，这种“形”易于识别，指意明确，有鲜明的形象特征，是对物象的浓缩与提取，突出和夸张了对象的本质。又因具象图形源于生活，所以，图形蕴含的内容亲和，易于被人们所理解和接受。具象图形标志的表现形式有人物造型图形、动物造型图形、植物造型图形、器皿造型图形、自然物造型图形等。

2)抽象图形标志

许多情况下，标志都是设计师对具象图形进行概括、提炼、取舍后设计出来的，虽然还具有具象图形的特征，但更多的时候显得很抽象。抽象图形标志不拘泥于实际自然物的形态，用点、线、面、三角形、方形、圆形和其他几何形来表现图形标志。抽象图形来源于自然形的高度概括，它所表达的概念和内涵更为精确、深刻、明晰。抽象图形具有广泛的共识性，如：圆具有团圆、团结、不稳定的共识性；三角形具有稳定、坚实的共识性；方向线具有运动、发展、方向的共识性。

3. 综合形式的标志

综合形式的标志是指不是由单一的文字或图形元素组成，而是多元素(包括各种文字、图形、色彩、光影、肌理等)组合而成的标志。这其中主要的表现形式包括：文字与图形混合的标志；三维组合形式的标志。

综合形式的标志最基本的表现就是由文字和图形混合构成，主要有中文和图形、英文和图形。其图形有抽象和具象之别，这种形式的标志图文互补，丰富了信息的内涵，在形式上更趋于多样化。文字在视觉传达上是一种意象的表现，而图形主要是一种形象的表现，这类标志的特点是图文并茂、色彩丰富，在视觉识别上有先后次序，因而使整个标志所包含的元素能够得以充分的展现。

4. 数字技术形式的标志

20 世纪 80 年代末期，由于计算机和互联网的普及，设计师开始应用数学技术开发出来的设计软件从事标志设计工作。因此，标志设计在表现形式和内容上都出现了前所未有的形式，即数字技术形式的标志。数字技术又被称为数码技术，因为其核心内容就是把一系列连续的信息数字化，数字技术将任何连续变化的输入，如图画的线条或色彩信息转化为一串分离的单元，在计算机中用“0”和“1”表示，通过计算机、光缆、通信卫星等设备，来表达、传输和处理这些信息。数字技术形式的标志，其主要形式体现在标志以视觉语言在不同媒介交流中“形”与“意”的独特性，它涉及三个方面：一是因数字技术的影响所产生的图形标志的视觉形式及风格；二是数字艺术标志形态所呈现的独特语义；三是数字技术形式标志在网络媒介上的应用，改变了受众的视觉心理，形成了新的审美意识。

数字技术改变了传统标志语言的视觉形式，传统的标志语言，一般都具有手绘的平面性，在数字技术推动下产生的各种设计软件工具，打破了传统标志设计原有的平面视觉印象。数字技术造就了标志艺术在视觉上的超常规表现，它是数字技术与艺术完美结合的产物，满足了现代企业和机构利用标志形象传递理念的需求。如索尼公司的新标志，利用数字软件来制作，更加立体、时尚，设计师将二维的平面图形向三维的立体图形转换，材质化的表现极大地增强了标志的视觉表现力。这类标志形式既体现出现代标志设计的观念与时尚，又折射出对视觉美感的追求，显示了数字技术形式标志相对于传统标志具有更强的艺术魅力。

案例分析5-1

百度的形象设计表现为：即使是同一节日，比如春节，也会从吉鼠纳福、金猪拜年、庄子·逍遥游和雄鸡报春、金猴闹春、三阳开泰这些的文学典故中进行深刻挖掘，创造出不同的形象，给人耳目一新的感觉。色彩之间纯度的对比、线条之间粗与细的对比、面积之间大与小的对比非常和谐统一，形成了一个完整的形象。多样性与整体性相结合，使得整个企业形象日新月异，千变万化的面孔给人以惊喜的视觉感受。其形象设计对百度在短短几年时间就占领了国内的引擎市场，成为全球最大的中文网站、最大的中文搜索引擎功不可没。

1)超写实数字技术形式的标志

这类形式的标志通常利用设计软件超强的表现力来表现标志的质感和立体感，其逼真程度让人觉得自己好似面对的是照片或真实物体，细节的刻画超过摄影图片，色彩的绚丽超过真实物体。不断完善升级的设计软件为这种标志风格的发展提供了便利的条件。比如 Corel 软件，其标志的设计就是用该软件绘制了一个色彩绚丽的热气球，同时将其标志在热气球上准确地进行变形设计，从而获得一种充满想象力的新的标志。

2)抽象二维数字技术形式的标志

抽象二维数字技术形式的标志是指主图形或文字以抽象几何形来塑造，其立体感类似浮雕效果的标志。通常标志的主图形是立体的，标志的相关文字是平面的，以图形为视觉中心、文字为辅，如 Windows 系统开机桌面标志。

3)抽象三维数字技术形式的标志

抽象三维数字技术形式的标志是用平面或三维设计软件辅助完成的具有空间感、立体感、纵深感、时代感的现代标志形式，有着强烈的视觉冲击力，适合用于时尚、科技、信息、金融等行业。这种风格的标志出现频率不断增加，特别是在高科技领域如 IT 企业的标志设计中被广泛应用，这种新兴标志形式依托现代计算机技术、印刷技术、光电技术、信息技术而产生。在设计中，利用计算机软件制作的各种具有三维空间感和肌理感的标志，形式上向表现手法多样化、构成元素多元化、视觉效果新奇化的方向发展，具备标志设计的差异性特征，满足了现代社会设计多样化的要求。

4)平面与渐变形数字技术形式的标志

平面与渐变形数字技术形式的标志是以文字为主体设计的标志，为了更有效地突出文字，在文字的边缘或文字的背景做彩色和单色的渐变效果。这种形式采用对比手法强化标志主体文字的设计感，文字通常是平面的，背景是渐变的，字为正形或负形，渐变色为多色或单色，渐变点数为多点或单点，方向为多方向或同一方向。

5)透视形数字技术形式的标志

透视形数字技术形式的标志是主体文字或图形采用透视原理的标志，如采用成角透视、平行透视、散点透视等透视方式来塑造图形和文字的标志。此透视风格的标志将视觉中心与透视的消失点结合在一起，增强了标志的空间感，这种类型的标志适合表现建筑、地产、运动等行业或机构的形象。

6)水晶效果数字技术形式的标志

水晶效果数字技术形式的标志是用平面或三维设计软件的渐变或滤镜等工具制作的球形、菱形、多面形水晶等标志图形。这些水晶形既可以为圆形，又可以为方形，表层质感晶莹剔透，有一种视觉上的质感美，适合于表现科技、电子、珠宝、化工等行业或机构的形象。

7)立体投影数字技术形式的标志

立体投影是光影的刻画，用二维或三维软件设计制作的此类标志形象，能够通过细致入微的物象层次，准确的光影透视使标志形象中的物象站立起来，有着触手可及的真实空间感。这样的标志与手工绘制的标志有着截然不同的视觉效果，有着触目惊心的视觉威慑力。

5. 系列化标志

系列化标志是指以一个主题为中心进行多个类似造型元素组合设计的方法。制作系列化标志时要注意创意的连续性,保持系列标志中符号与图形之间的关系,包括形态、色彩、寓意。

五、标志设计的方法

标志设计不是一个简单的操作流程,从意图的产生到意图的最终实现,其中会经受种种考验,有来自主观的、客观的、市场的、企业的、媒体的、受众的考验,更主要的还是来自设计师自身的知识修养和技能水平的考验。

标志虽小,但方寸之间却充满着灵感、智慧、挑战和机遇。标志设计从信息收集、构思创意到草稿制作和调整,是一次严谨、有序、艰辛、刺激的设计历程。

1. 标志设计前的准备工作

1)市场调查

市场调查涉及客户或受众个体、社会、经济、文化、教育、健康等相关市场方面的众多问题,只有经过设计前的认真摸底和深入调查,才能给即将到来的标志设计工作提供充足的资料和依据。市场调查可以从两个角度涉入:一是市场目前的综合状况;二是政治、经济、思想观念、生活方式、社会风尚等。

对企业的市场调查报告包括市场定位、经营规模、市场份额、影响力、知名度、发展潜力、受众层等。设计市场的变化趋势调查包括媒体、制作技术、行业特征与表现、风格潮流、审美品位等。

2)企业分析

标志设计的优劣直接影响企业或组织的形象推广战略,因此熟悉并了解企业是标志设计有效率和成功的前提保证。设计师可利用各种渠道深入企业内部,收集有关信息,将其作为标志设计的依据和创意的出发点。

企业分析需要从两个方面进行:一是企业内部的结构,包括历史与现状、未来目标、经营宗旨、服务理念、精神品格、文化背景、价值观、人力资源等;二是企业对标志的展望和期待,包括标志定位的合理性、标志的单一性和延伸性、标志的媒体计划,以及管理层的态度等。

3)主题开发

主题开发,即标志设计意图的视觉形象化创意过程,意图确定了标志设计的方向。设计师综合来自市场和企业的多方面信息,经过认真整理和用心归纳,便可着手标志主题的提炼定位和图形的开发设计。

主题开发要求设计师打开设计思路,广泛联想,多角度、多方位构思,着重设计理念的大量萌发,追求思维的宽度。先广后深是标志设计这一阶段的主要特征。

4)标志命名

标志命名是标志成功的第一步,它是企业或组织形象信息传达的核心内容。好的标志命名不仅要求朗朗上口、易读易记,有较强的视听美感,同时还要求有特定的文化内涵和价值取向。标志的名称类型多样,如企业或组织名称类、音译词汇类、人造词汇类、吉祥类、地名类、趣味类、动植物名称类等。标志名称的来源大多由企业提供，也有委托设计公司一条龙服务的。标志名称是表现设计构思的开始，个性强烈、创意独特的标志名称，既便于企业或组织将来的发展以及国际上的活动交流，又便于设计师设计创作。

5)设计定位

(1)以内容为主题定位。标志设计一旦明确了具体的客户对象，首先需要确立的就是它的内容。内容是构成标志内涵的重要因素，没有内容只有形式的标志设计，是一种故弄玄虚并无实质意义的设计。因此，选择和把握恰当的内容、主题及表现的题材，寻找最佳的设计定位，是标志设计成功开展的关键。

一个优秀的标志设计背后，一定会有一个好的标志创意。好的创意源自设计师对标志主题的深刻阐述和生动诠释。在标志设计之前，系统而全面地了解企业的背景和文化，分析相同行业间的市场差异，知己知彼，对定位标志内容和主题很有必要。

标志设计的内容主题定位，一般包括三个方面的内容。

一是以理念为题材定位。作为企业或组织识别形象的标志，要求能明确地表达企业或组织的精神理念、经营方略和服务宗旨，用抽象并极富寓意的图形和色彩，自然而然地表现企业或组织的理念、主张。换言之，以理念为主题材的标志设计是将企业或组织的理念作为创意的主题，运用象征、联想、借喻等手段进行构思，形成的企业或组织独有的文化符号。以理念为题材在标志设计中运用广泛，此类标志最具厚重感和寓意性。

二是以形态为题材定位。这里所指的形态有两种：经营内容的外化形象和经营产品的外观造型。以形态为题材定位的标志设计，就是将形态作为造型因素，直接或间接地用于标志外观的设计。这种题材类型的标志是将“象形”作为根本手段，其造型目标单纯，形象直观，具有易认、易记的识别优势，方便大众传播。然而，以形态为题材的定位，也特别要求行业的经营内容和企业产品的造型外观必须具有鲜明和显著的特征。

三是通过调查研究获取有关的信息资料，作为设计的依据和创意的出发点。通过和企业领导、员工的讨论，设计师直接参与到企业日常工作中，通过亲身感受得到第一手资料，增强感性认知，通过资讯公司或是通过其他媒体如报刊、广播电视、网络等获取第二手资料。调查研究的内容主要有以下几个方面：企业精神、经营宗旨、经营方针、市场定位、企业历史、发展现况、企业产品属性、企业生产力、产品销售情况、同行竞争情况等。

(2)以企业情况为主题定位。设计师可以根据企业情况进行主题定位。不同的表现角度会有不同的定位，比如：文字定位，以企业或产品的名称定位；特定图形(或结合文字)定位，以提升标志的内涵，突出企业精神，把概念转换为图形；功能定位，以强调产品的功能进行定位；个性定位，以企业独特特征或特殊形象定位；文化定位，以文化内涵为主题，强调企业或产品的文化性。标志的定位是揭示主题与表现形式的切入点，只要准确把握、反映主题，就是合理的定位。

6)素材收集

对同类企业、产品等标志进行收集分析。

2. 标志设计过程

构思的过程是一个展开思路的过程，主要思考的问题是：企业的主要特征是什么？企业最具代表性的东西是什么？用什么方式去表征？要解决这些问题，就要求构思过程有足够的深度和广度。必须对企业所要建立的形象进行确认后，才开始进行设计。依据对企业的规模、品牌形象、经营内容、服务性质、产品特色，以及产品技术等层面特性的分析，再从标志设计的题材中，找出最合适的主题。

实际上，构思过程就是灵感发挥的过程。灵感不是凭空产生的，一是靠设计师平时知识、技术和经验的积累，二是靠调查的准确和深入程度，只有这样才能产生好的创意。

1)草图

草图，确切地说是一种形象表达方法，即是把思维活动变成具体创作的一个步骤，接到一项设计任务后，确定好设计主题，然后进行发散性思维，从设计主题的各个角度进行思考，绘制出方案，许多灵感就是在描绘草图的过程中产生的。

2)提炼

在产生大量的设计方向后，从中选择富有企业精神、能表达企业经营实态的设计方案。在此阶段对所确定的造型要素进行深入的分析和提炼，提炼的目的是使精选后的草图得到进一步的完善。特别是在形式美的原则下，对黑白的面积、间距、结构、大小、比例、粗细等关系是否恰当，夸张变形是否过分，要素组合是否和谐等，进行全面的审视，总之就是对草图进行细化和深入改进。将初步设计出的标志再进行冷静的观察和思考，认真检查以下几个问题：

(1)是否与企业形象相吻合，是否有代表性？

(2)美观性如何，是否简洁、醒目？

(3)图形及色彩是否有忌讳，能否便于广告传播？

(4)形式感是否强烈，独创性如何？

(5)实际应用效果如何，放大及缩小效果如何？

3)定案

对精选提炼后的部分标志进行形式上的归类，并做出相应的模拟应用效果图给相关人员审阅，尽可能多地邀请有关专家，听取消费者、企业管理部门人员的意见，考虑标志设计的可行性、独特性等。

4)规范

通过以上标志设计的流程，标志设计工作才算初步完成。当标志造型确定后，为了确保标志造型的严谨、准确和完整，需要将标志做成精致化的图形，进行规范处理。主要是指把图形的线、面处理得具有一定的规律性，用制图法的形式表现出来，方便标志的放大与复制。

5)标志的创造、改良与变革

标志力求高度的简练、纯化的表现力。识别性和独特性是标志的根本需求。当一个企业的标志在识别性或视觉差异上有不良影响时，企业就必须更换标志。尽管标志设计时要充分考虑其较长时期的使用价值，但标志的使用并不是一成不变的。企业的信誉往往可以通过标志来衡量，然而不同的时代有着不同的审美特征，因此标志也会随着时代的变化而过时，需要及时更换。更换的原则是新的标志符合时代的审美意识。标志的改良法有两种：渐变改进法和重新设计法。

(1)渐变改进法，将标志图案逐步进行细小的调整，将一些无关的细节删去，加强核心主题。

(2)重新设计法，在很多情况下，需要对标志进行重新设计。

对于一些历史悠久并有一定知名度的企业，如可口可乐这样的企业，一般采用渐变改进法。因为这种企业在消费者心目中已经有了一定的地位，消费者对企业标志也有一定的记忆，为了保留标志在消费者“记忆”中已有的基础，标志的改良应采用渐变方式。改进后的标志应该保留原有标志的部分特征，如造型、色彩或文字等，这是为了使改进后的标志能与改进前人们的印象相一致。

第二节 标准字体设计

标准字体与标志一样，是视觉形象识别系统中的基础要素之一，也是企业文化的一种象征，常和标志联系在一起，能起到表现企业风格和个性特色的作用。在设计上要求字体的线条粗细处理和笔画结构尽量清晰简洁，富有装饰感，具有强烈的个性和美感，简练清晰、易于阅读，并注意保持中英文在形式上的一致性。还应考虑与企业的性质相符，字体与标志在组合时的协调统一。注意字体的系统性和延展性，以适用于各种媒体的宣传和不同材料的制作，适用于企业各种产品的应用。

企业的标准字体包括中文、英文或其他文字字体，是根据企业名称、企业产品名称和企业广告语等来进行设计的。标准字体的选用要有明确的说明性，能直接传达企业、品牌的精神，并强化企业形象和品牌诉求力。可根据使用方面的不同，采用企业的全称或简称来确定，标准字体的笔画、结构和字形的设计与普通印刷字体相比较，除外观造型不同以外，更重要的是要体现出企业的精神、经营理念和品牌特征，通过标准字体来表现企业的特色。

标准字体的设计是根据企业发展目标而制定的特殊字体，对文字结构的把握、笔画之间的配合都要进行严谨的考虑。由于企业标准字体代表着特定的企业形象，所以，必须具备独特的整体风格和鲜明的个性特征，使它所代表的企业从众多的可比较对象中脱颖而出，令人过目不忘。企业标准字体在表现方法上有书法字体、装饰字体和英文标准字体等形式。其标准制作方法是将标准字体配置在合适的方格或斜格之中，标明字体的长、宽尺寸和角度等位置关系。

易识别性是标准字体的基本特征，造型性是标准字体的关键特征，系列性是标准字体的应用特征。一个企业应具有不同于其他企业的内在风格特征，设计恰当的企业标准字体需要找到企业的内在风格。例如，构思一组汉字类标准字体，需要注意造型整体上存在的视觉误差，虽然汉字是方块形的，但在实际的视觉效果中，略长些的汉字比规整的方块形更容易被视觉接受，也较为美观。这是因为汉字的结构上下顶格者多，左右只有部分笔画支持，而且横多竖少，笔画也增强了汉字的高度感。因此，按照同样大小的方块写出来的字，看起来很可能是参差不齐、大小不一的。

个性鲜明是企业标准字体的重要特征，企业标准字体在易读、易认的基础上，还要适应时代发展的需要，具备一定的独特性与审美性，消费者通过企业标准字体能够感受到企业与社会发展的密切联系。所以，其设计风格既要与企业整体形象风格保持一致，又要具有鲜明的个性，体现企业独特的精神面貌。

应用广泛是企业标准字体的最终目标，企业标准字体通常要与企业标志配合使用，所以设计师需要考虑其在传播过程中的具体情况，使标准字体具备一定的广泛性。

企业标准字体的种类有企业名称标准字、产品或商标标准字、广告活动标准字。企业标准字体具有识别性、可读性、系统性等特征。

一、书法标准字体设计

书法，是中国几千年的文化瑰宝，既具备艺术性，又具有实用性。书法是中国传统文化的一个重要组成部分，是民族元素的重要体现。将书法这一艺术表现形式运用于企业标准字体中，可以给企业增添强烈的传统气质和民族精神。企业标准字体的选择应该符合企业的实际情况，使消费者通过字体形象，清晰地感受到该企业所传达的企业文化和企业精神。例如，中国联通公司的企业名称选用传统的书法字体，字体颜色以黑色为主，标志图形则借用中国古典元素——盘长结，二者相互结合，彰显了中国联通公司立足中国市场、打造世界品牌的经营战略。搜狐网的名称也采用了书法字体，字体颜色为黑色，标志图形以黄色和红色的狐狸尾巴构成，突出了搜狐网打造成熟而充满活力的中国最大门户网站的经营理念。人们打开搜狐网界面时首先会被大面积的黄色所吸引，同时也会关注那充满智慧的标志，这就是搜狐网用书法与字母进行标志设计的真正魅力所在。

二、英文装饰字体设计

英文装饰字体有三种基本样式：无线装饰体、罗马体和哥特式字体。无线装饰体以干练和庄重著称。罗马体是标准的英文字体，稳重典雅。无线装饰体和罗马体在形式上更加趋于简洁和庄重，便于识别，一般用于比较正式的场合，以参与国际市场的竞争。哥特式字体以繁冗华贵著称，复杂与烦琐的特性限制了其在企业视觉识别系统上的广泛应用。而无线装饰体的简约性恰恰符合大多数企业的发展需求。以深圳大运会的会徽设计为例，其以红、绿、黄、蓝、黑为基础色，五种色彩的圆点组合成一个 U 形，“U”的内涵包括：大学（university）、你（you）、联合（union）、世界宇宙（universe）；“U”的半环形，彰显出欢乐、开放、包容、青春、世界、未来这样一个激情的大学生运动盛会。

第三节 标准色设计

企业标准色是结合企业标志和企业标准字体而进行设计的，是企业特定的色彩，是适应企业发展，能够代表企业特性的色彩语言。可以说色彩是产品的促销员。“7 秒定律”即是指商品通常会在 7 秒内给消费者留下第一印象，这 7 秒钟有可能引发消费者对商品的兴趣，继而希望在功能、质量等方面对商品有进一步的了解。在这短短 7 秒内，其决定因素中色彩占到了 67%，这就是 20 世纪 80 年代出现的“色彩营销”。例如我们看到黄色的大门就会联想到快捷方便的“麦当劳”，看到红色的飘逸英文就会想到饮料业的常青树“可口可乐”。

在视觉识别系统中，标准色具有强烈的冲击力。一般采用单色或两三种色彩作为视觉传达标准色彩，这种带有标志性、识别性的色彩也是企业形象的有效构成部分，企业标准色具有科学化、差别化、系统化的特点，企业的用色要保持一贯性，给受众留下特定的印象，并有别于其他企业而独具特色。

不同的色彩带给人不同的感受。据调查：黄色、蓝色、绿色给人以酸味感；白色、乳黄色、粉红色给人以甜味感;茶色、暗绿色、黑色给人以苦味感;红色给人以辣味感。暖色系列通常给人以温暖、快活的感觉;冷色系列则给人以清凉、寒冷和安静的感觉。如果将冷暖系列色并用,那么会有暖色向外扩张、前移,冷色向内收缩、后移的感觉。

掌握色彩规律,有利于突出品牌形象。例如,芬兰著名手机品牌诺基亚的标志中央起初是一种灭绝的动物,下方标有"NOKIA"字样。诺基亚早在 19 世纪就已非常出名,到了 20 世纪 60 年代已经发展成为非常著名的集团公司,20 世纪 80 年代已经成长为全球著名的手机运营商。整个标志以蓝色为主调色,表明该产品关注环保,体现人文精神,与企业所在地区的自然环境有机融合,即便后来企业标志经过多次演变其主色调也一直延续至今。

不同的色彩搭配会给人带来不同的心理感受,不同的色彩也会产生不同的色彩联想。

白色——纯洁、干净、明快、洁白。在中国民俗中,白色还让人联想到悲哀;在韩国,白色是纯洁高贵的象征。

黑色——寂静、绝望、不幸、恐惧、沉默、严肃、庄重。

灰色——中庸、平凡、温和、谦让、不公平。在现代社会中常用来形容低调。

红色——太阳、火焰、紧急、血、喜庆、热情、爱情、活力、危险。在国外,红色还象征着恐惧。

黄色——希望、富丽、权威、辉煌、智慧、活跃。

紫色——优雅、高贵、壮丽、神秘、永远、不安、气魄。

蓝色——诚实、沉着、海洋、广大、悠久、消极、智慧。多用于高科技领域。

绿色——草木、和平、环保、成长、健康、自然、安静。

标准色彩的确定要注意三个方面。一是以企业的经营理念为色彩特质,根据企业产品特征与形式选定标准色,体现出企业属性和情感。二是从企业竞争战略出发选定标准色,要根据企业的行业属性,突出企业与同行的差别,创造出与众不同的色彩效果。三是以国际标准色为标准,通常不超过三种颜色。如果标准色在两种以上,要确定主色,注意色彩面积和比例的分配。如中国移动的标志是蓝色的;中国联通的标志是红色的,标准字为红色与黑色的组合;中国工商银行的标准色是传统的中国红;麦当劳"M"的形象标志是黄色的;等等。

随着规模的扩大,有的企业或机构还可以选择一些色彩作为辅助性用色,用于区别不同的场合和部门,这样既丰富了机构用色,又规范了用色标准。辅助色大多用于底色,设计时要注意与标准色之间的协调关系和用色环境。标准色设计要符合色彩属性、色彩配合及对人的心理感受等要求。

标准色的设计原则与标志图形、标准字体基本相同,要突出体现企业精神和宗旨,具有鲜明个性,要迎合受众心理、符合国际趋势等。

第四节
辅 助 图 形

辅助图形是为了配合企业的广告宣传、美化装饰或在某些特殊场合的使用而设计的,通常采用与企业标志或经营内容紧密相关的图形。辅助图形也可以通过对企业标志的反白、空心、变形和线条化等方式进行设计。

反白是被普遍应用的一种方法，也可以称为“正负反转图形”。在背景色彩与标准色彩重复时需要对标志进行反白加以区别，否则标志将会淹没在相同色彩的背景中，无法辨认。空心标志一般只显示标志的边缘线。标志的空心处理能够增强画面的整体艺术效果，给人以现代、时尚的立体感。变形标志的变形方式虽然多种多样，但在变形的过程中要以标准标志为基础，经过多次实践和修改后方可应用。变形标志一般用于广告、印刷品、包装纸、服饰纹样等，通常作为底纹和装饰纹样使用。线条化的图形设计可以起到丰富和活跃画面的作用。例如，IBM 的线条化图形可谓标志设计中的经典。

辅助图形可以利用标志的基本要素或局部图形进行重组变形，但是在变形设计时要注意不能只顾变形而失去其标志的可读性，不能有会引起错觉的编排，以免造成歧义。辅助图形的视觉冲击力最好不要超过标准标志，不能喧宾夺主。

第五节
吉祥物设计

吉祥物是为了强调企业性格、配合广告宣传而专门创作的有生命力的形象，吉祥物是企业文化的载体，也是企业视觉识别系统的重要组成部分。它是为了强化企业性格，配合广告宣传而专门设计创作的人物、动物等拟人化的形象，可以活跃企业形象，拉近企业和消费者之间的距离，成为沟通企业与消费者的亲善大使。通过拟人化处理，达到活跃气氛的目的。立体的、真实的、有生命力的形象更能引发消费者的兴趣，使企业在消费者心中留下和蔼可亲的印象。

吉祥物通常采用有吉祥寓意的动物、植物以及人物作为造型，根据受众的心理和本民族的审美习惯来进行选择。在设计时需要注意被选定的吉祥物要能准确表达企业的特点，传达出企业的信息和优势，同时要考虑到使用各种材料和不同工艺的可操作性。吉祥物的选定标准为个性鲜明、幽默风趣、亲切可爱，能强化整个企业视觉识别系统，并产生亲和力。

吉祥物的设计构思可以从以下几个方面考虑：根据企业经营内容确定吉祥物的形象，其直观性能够使消费者快速了解企业相关信息；根据企业发展历程确定吉祥物的形象，突出企业的历史与文化背景；根据动植物的性质、特征或者生活习性来影射企业的经营战略或者经营理念；根据故事或者民间传说选择富有个性的角色形象。

创作吉祥物要以企业特征或企业文化为根本出发点，塑造适合企业发展且有利于传播的美好形象。“米其林轮胎”根据企业经营范围创作了吉祥物形象，米其林集团是全球轮胎行业的领导者，逾百年前建立于法国的克莱蒙费朗。米其林的吉祥物——体态圆润、举止滑稽的比邦多姆伴随着米其林轮胎走向世界，并逐渐深入人心。米其林的座右铭是 1893 年安德鲁 · 米其林在向世人解释充气轮胎的好处时所说的话——让轮胎畅饮坎坷。后来在里昂举行的一次国际博览会上，米其林兄弟用自行车轮胎堆出了一个造型，安德鲁看到以后立即说道：“看，如果它有胳膊，多像一个人啊！”1897 年，在巴黎艺术界已经小有名气的插图画家奥格罗在米其林兄弟的描述下，绘制出了第一个“轮胎人”，比邦多姆的形象由此诞生。

企业吉祥物可以帮助企业更加快速地与消费者建立联系。麦当劳叔叔是麦当劳速食连锁店的招牌吉祥物,其知名度仅次于圣诞老人。麦当劳品牌为吉祥物注入无限活力,他身穿黄色服装,时尚的爆炸发型与大红短靴相映成趣,他以特有的笑容迎接着消费者的光顾。"海尔兄弟"卡通形象是海尔集团的形象代言人,其青春、智慧的招牌动作与其短发、短裤的打扮相呼应,该形象以东方智慧征服了广大的消费者。

20 世纪末,随着网络的广泛应用,集即时通信、新闻门户、在线游戏、互动娱乐等于一体的综合性互联网站走进了人们的生活。快乐可爱的企鹅形象作为 QQ 网站的吉祥物,易于被网民接受。腾讯已经成为中国互联网最大的综合性服务提供商之一,它秉承一切以用户价值为依归的经营理念,处于稳健、高速的发展状态。腾讯为数以万计的用户提供了强大便捷的沟通平台,使人们通过网络即可享受各项生活服务功能和商务应用功能。可以说,腾讯的发展对人们沟通方式和生活习惯的改变起到了重要的影响作用。

1995 年,美国推出 MSN 网站。2005 年 5 月,微软宣布和上海联合投资有限公司合资,将 MSN 正式引入中国,实现了门户网站与即时通信工具的无缝融合。MSN 的吉祥物名叫"小布"。它是 MSN 旗下的聊天机器人,能够和公众进行一些简单的对话。网络用户可以向小布咨询新闻、天气预报、电话区号、城市邮编、公交线路、IP 地址、手机号码属地、汉字拼音等。有了这个机器人秘书,许多实用信息都可以信手拈来,极大地方便了用户的工作和学习。

第六节
标 准 组 合

在标志、标准字体、标准色设计完成之后,要将这三种要素进行合理的编排,组成一个整体而统一的系统。企业标志、企业标准字体、企业标准色、辅助图形和企业吉祥物之间有严格固定的组合样式。固定的组合样式一方面强调了企业的个性,另一方面也为应用设计提供了参考模式,使之在应用过程中更快速、更便捷。编排设计要突出企业个性和风格,使各要素之间建立起相互作用、相互映衬的关系,进而促进消费者对企业的认知和记忆,产生固定的印象,从而达到同一性、系统性的视觉效果。

一、企业标志与企业标准字体的组合

企业标志与企业标准字体之间的组合方式一般都有严格的规定。首先是标志最小值的限定,其次是编排位置的规定。标志的最小值限定了其在使用过程中的最小范围。若不对其进行设定,那么在印刷过程中容易产生图形与字体形象模糊、难以识别的问题。编排位置的设定有利于企业信息传播的准确性。例如:味全公司的标志由五个大小相同的圆形组成,共同构成字母"W"的形状,象征着"五味俱全"。但是当标志图形进行整体缩小并投入印刷后却发现,由于标志被过度缩小,五个圆点已经凝结在一起,模糊不清。为此,设计师规定了"味全标志"必须在 15 mm 以上的范围使用。企业标志的应用位置、标准字体笔画之间的距离、图形与字体之间如何编排都需要有严格的规定和标注,这需要用相应的数学公式进行精确计算。另外,

在精心设计下产生的组合规范，还要适合消费者的视觉流程和视觉审美习惯。总之，企业标志和企业标准字体的组合规范，以及位置设定有利于企业在宣传中保持统一、协调的整体形象。

二、企业标志、企业标准字体、企业标准色及企业辅助图形的组合

企业标志、企业标准字体、企业标准色及企业辅助图形的组合也要有严格固定的组合模式。在经过详细的市场调研和严谨的设计制作的基础上，逐渐确立它们之间的组合关系，以达到最佳的视觉效果。标志、标准字体、标准色以及辅助图形之间的组合样式要严格按照形式美法则进行设计，固定统一的视觉形象有利于企业形象的广泛传播。

三、吉祥物与企业标志、企业标准字体、企业标准色的组合

吉祥物作为企业的形象大使有着重要的意义与作用。吉祥物的应用范围及与其他元素的组合也一样要经过严格的测算，进行明确的规定。

四、基础设计与应用设计的组合

基础设计与应用设计的组合是视觉识别系统中的重要组成部分。应用设计中展示空间设计、环境指示设计、服饰设计、交通工具设计以及网络宣传设计、媒体应用设计等都与基础设计有着不可分割的关系。基础设计规定了应用设计的属性，应用设计是基础设计的拓展和延续，二者相辅相成，关系密切。

课后练习

1. 从26个拉丁字母中任意选择一个字母，根据矛盾空间的知识原理，进行矛盾空间的开发创意，同时将这一创意与某个行业相结合，以手绘草图形式提交，设计三个以上的方案。

2. 从0～9中任意选择一个数字，进行象征手法的开发创意，结合某一行业进行创意设计，以手绘草图形式提交，设计三个以上的方案。

3. 任选一个企业标志，进行改进设计，要求：在原基础上做改进，使之既不失原有的特征和识别性，又具备现代感，延续性和原创性较强，具有较高的审美价值和实用价值，视觉冲击力强，并能较好地体现企业特征及企业形象。

Qiye Xingxiang Sheji

第六章

VI应用识别部分

应用识别是企业形象设计 VI 中的重要组成部分，与消费者直接接触，紧密联系。应用识别部分主要包括：办公用品类、环境与陈设类、导示系统类、广告传播类、产品包装类、服装服饰类、纪念礼品类、交通工具类、旗帜类等。应用识别部分是基础识别要素在所有传播载体和应用环境中的具体体现。随着科学的进步、网络的普及，多媒体应用设计成为企业形象设计中不可或缺的一部分。应用识别部分种类繁多，主要根据企业特征和经营内容而制定，应用项目的增加或减少由企业的发展状况而定。

当企业视觉识别的基础要素标志、标准字体、标准色等被确定后，就要严格遵循基础要素的规范组合和设计要求，来开发各类应用项目。VI 应用识别部分的设计是基础核心部分的展开设计，是对基础要素在各种媒体上的应用所做出的具体而明确的规定。

一、办公用品类

办公用品的设计制作应充分体现出强烈的统一性和规范性，表现出企业的人文精神，统一的视觉形象使企业的办公用品整齐、鲜明，从而有效地传播企业信息。其设计方案应以标志图形、文字格式、色彩套数及规定的尺寸为依据，以形成办公用品的严肃、完整、精确和统一规范的格式，给人一种全新的感受，表现出企业的风格。应用设计要突出企业的经营内容和价值定位，显示企业的时代观念和文化品位。总之，办公用品的设计要求体现企业的宏观概念、与时俱进的表现形式、鲜明的设计意图以及规范的组合模式。

办公用品类主要包括名片、信封、信纸、传真纸、各种型号的公文袋、资料袋、介绍信、各类表单和账票等办公设施用具。这部分的设计，可将办公用品形成一个系列的整体，体现企业办公的高度集中化、统一化的风格和特点。作为企业对外宣传的媒介，办公用品历来深受企业的高度重视，也无疑对突出企业形象的优越起到了关键的作用。同时也展示出现代企业办公的高度集中和现代企业文化向各领域渗透传播的趋势。

1. 名片设计

名片，就像无声的介绍人，它将一个人的所属关系和相关信息通过简洁的卡片形式介绍给对方。企业名片设计在企业视觉识别系统中占有举足轻重的地位，它能证明员工的身份。名片设计的品位、质量都会给企业相关者以心理导向，使其对企业做出第一印象的判断。

名片的规格通常有以下几种样式：横版，90 mm×55 mm(方角)、85 mm×54 mm；竖版，50 mm×90 mm(方角)、54 mm×85 mm(圆角)；方版，90 mm×90 mm、90 mm×95 mm。

名片可以按照以下步骤进行设计。

1)基本信息

名片的基本信息包括名片持有人的姓名、所属企业名称、持有人的职位以及联系方式等。企业名片与个人名片有所不同，企业名片需要明确员工身份和工作职务，是高层领导、中层领导还是普通员工。三者的名片在设计上要有所区分，高层领导的名片着重突出姓名、职位以及联系电话等必要信息；中层领导的名片主要体现职位、姓名、电话以及企业相关内容；而在普通员工的名片上，企业信息占据首要位置，突出员工的工作属性，有利于对外交流与公关。

2)企业性质

在设计名片时，可以参考或对基础要素部分进行相关的设计组合，要求与企业性质相吻合。

3)创意思维

在对企业调查和研究的基础上做出相应的设计。创意思维直接决定了名片的品位,同时也影响着名片持有人的形象。

4)印刷

印刷制作环节是设计师必须充分考虑的问题,名片的成品效果与印刷技术紧密相连。所以,在设计时要充分考虑油墨、纸张、制作、裁切、印刷工艺等因素,这些因素决定着印刷品的最终效果。

5)形象确认

在设计程序初步完成以后,要对图形、色彩、字体等基本要素加以核对,并最终确认,使之与总体设计基调一致。

名片设计要从证明身份的角度出发,对纸张选材和制作手段也要进行全面的考虑,视觉流程要清晰、明确。

2. 信封、信纸的设计

随着时代的进步,人们的审美观不断提高。现代企业在行业交流与对外公关中,对信封、信纸的设计越来越注重品味的提升。信纸一般采用 80～100g 的纸张,也有的企业采用特种纸,一般用于特殊的会议或典礼。信封的设计除了体现企业理念以外,还要追求新颖别致并适合企业使用的设计风格。另外,为了加强信封、信纸的装饰美感,一般可采用辅助图形进行装饰。但有一点值得注意,在设计时要考虑信封投递的需要。国际上对于信封、信纸的尺寸有严格的规定。信纸的标准尺寸为:185 mm×260 mm、20 mm×285 mm。信封的标准尺寸为:小号,220 mm×110 mm;中号,230 mm×158 mm;大号,320 mm×228 mm。

3. 公关关系赠品设计

中国作为礼仪之邦,自古推崇礼尚往来。在这里我们把礼品也归属于"公关关系赠品"的范畴,主要包括手提袋、邀请函、挂历、台历等。随着电脑的普及,鼠标垫、耳机、手腕垫等时尚物品也逐渐被囊括于企业礼品的范畴中。手提袋作为公关关系赠品,在企业发展与交流中被频繁使用,同时,它也成为最易流通的广告形式,企业礼品的设计不同于日常生活中普通礼品的设计。其设计要反映企业的经验宗旨、发展方向、价值目标等。例如,中石油的礼品设计,其主体形象是开采石油的磕头机,既能达到宣传企业信息的目的,同时又能使外界感受到企业与时俱进的经营方式。

可以说,手提袋是企业在市场上流动的免费广告,成功的手提袋设计,其附加值远远超越自身的实用价值。手提袋设计的常规尺寸:400 mm×285 mm×80 mm。但由于企业性质不同、企业产品不同、产品规格不同,企业手提袋的规格也不尽相同。例如,日化公司的产品一般较小,所以手提袋的尺寸自然也就不同于常规尺寸。手提袋在形态上多采用长方形,因为长方形便于承载物品,同时也符合人体工程学的基本要求。

企业请柬是为了邀请同行业或者相关行业者参加某项活动、仪式、典礼等发出的礼仪性书信。它代表着企业对被邀请者的尊敬,所以在设计上既要给人以亲切诚挚的感觉,同时又要体现企业的整体精神面貌。

二、环境与陈设类

在 VI 设计系统中，环境与陈设类作为 VI 的应用设计，起到指示引导的作用，同时也美化了企业环境。作为标志设计的延伸，企业环境与陈设要注意设计风格的一致性，包括企业外部建筑环境、企业内部建筑环境和陈列展示等。

企业外部建筑环境设计是企业形象在公共场合的视觉再现，是一种公开化、有特色的群体设计，是标志着企业面貌的特征系统，主要包括：建筑造型、旗帜、门面、招牌、公共识别标牌、路标指示牌、广告塔等。

企业内部建筑环境是指企业的办公室、销售亭、会议室、休息室、吊旗、吊牌、POP 广告、货架标牌等。

陈列展示是企业在营销活动中运用广告媒体以突出企业形象，并对企业产品或销售方式进行宣传的传播活动。在设计时要突出陈列展示的整体感，包括展览展示、货架商品展示、陈列商品展示等。

三、导示系统类

导示系统作为提供人性化服务与规范社会秩序的重要设施，已经广泛应用到我们的日常生活中。其中，导示图形符号是与人直接交流的信息载体，人们通过它来接收导示信息并获得指导，所以对导示图形符号的设计自然成了 VI 应用设计的组成部分。

导示系统可划分为环境导示系统、办公导示系统和公共导示系统等，它有着引导、说明、指示等功能。

1. 环境导示系统

环境导示系统是环境的一部分，要融入环境，服务于环境。如城市环境导示系统与公园导示系统等因适用的环境不同，其设计风格和功能都有所不同。如澳大利亚水族馆的导示图形符号新颖独特，将水族馆的特性很好地融入其中；上海世博会的导示系统设计使人们在参观各国展馆时可以通过展馆门前的指示牌轻松找到自己所需要参观的景点。

2. 公共导示系统

公共导示系统在公共场所中替代文字，有着特定的功能和指示性。该设计要符合大环境的要求，主要包括安全导示、交通导示、展览导示、运动会导示等。

四、广告传播类

广告传播借助印刷、影视、网络等媒介形式的宣传，是一种长远、整体、宣传性极强的传播方式，可在短期内以最快的速度，在最广泛的范围中将企业信息传递出去，它是现代企业传达信息的主要手段。

印刷媒介以文字、图形等传播信息，是企业营销活动、对外宣传的载体，是企业形象在公众中最普遍的一种推广方式。其主要内容包括：企业简介、公司指南、产品目录、商品说明书、手提袋设计、公司请柬、企业内刊等。影视、网络媒介主要通过电影、电视、广播、网站等形式来传播企业信息，给人以直观的形象和无限想象的空间，是现代传播的重要途径。

五、产品包装类

产品是企业的经济来源，产品包装起着保护、销售、传播企业和产品形象的作用，是一种记号化、信息化、商品化流通的企业形象，同时作为商品的外衣，和消费者有着直接的联系，有时比商品本身还重要。它具有强大的推销作用，有着极高的信誉度，起着传播与美化产品形象的作用。它是现代企业销售的生命线，也是树立企业良好形象的途径之一。

产品包装主要包括纸盒包装、木箱包装、玻璃包装、塑料包装、金属包装、陶瓷包装等样式。几乎涉及所有的产品销售，包括合格证、说明书、标贴、运输包装等。产品包装使消费者认知商品的名称、品牌属性、生产企业等，进而帮助企业建立起统一的品牌形象，使消费者对企业产生一定的认知。产品包装要考虑以下三个方面的内容。

1. 准确定位

品牌信誉主要是通过产品质量和售后服务逐渐建立起来的。产品包装设计要求设计师把握企业的发展目标，在充分了解企业产品的基础上对包装设计进行准确的定位。

2. 独特的创意思维

产品包装的设计，创意要大胆、新颖、独特，制作要严谨、细致、准确。只有个性鲜明、创意独特、制作精良的包装设计才能博得消费者的青睐。

3. 时代特征

产品包装的表达形式一定要符合时代特征，符合消费者的审美习惯，符合现代人的价值取向。

六、服装服饰类

企业服装服饰配件属于 VI 应用系统中的一部分，包括企业经理制服、管理人员制服、普通员工制服、后勤员工制服、礼仪制服、文化衫、领带、工作帽、纽扣肩章、胸卡等。服装类型与企业的经营内容有关，所以需要根据企业发展情况有选择性地增加或减少制服样式。企业员工制服与企业领导的制服保持一致性不仅能拉近企业和员工的距离，还能使员工树立主人翁意识。制服的样式和色彩根据企业性质而确定，制服上不可缺少的是企业标志或者企业名称，可以印制也可以绣制，还可以采用挂胸牌的方式。细节上的处理能使员工感受到自己是企业的一员，自觉做到爱岗如家。胸牌显示企业标志也可以附加员工姓名和职位。胸牌的一般尺寸：大号，110 mm×80 mm；小号，20 mm×20 mm。

服装的统一能使员工产生归属感，提高员工的主人翁意识，改变员工的精神面貌，促进工作效率的提高，并提醒员工严明纪律和对企业的责任心，同时便于管理，体现企业形象的完整和统一。设计服装时应严格区分出工作范围、性质和特点,以设计出符合不同岗位的着装。

七、纪念礼品类

纪念礼品主要是为了使企业富于形象化和富有人情味,并以此同客户联系感情、沟通交流、协调关系。纪念礼品以企业标志图形为导向、传播企业形象为目的,将企业形象表现在日常生活用品上,这也是一种行之有效的广告形式,一种记号化、形象化的信息推广手段。纪念礼品类强调企业亲和作用,是企业公共关系及职能服务的组成部分。

为了发挥纪念礼品的作用,可将企业形象组合成一种整体的图案,使之与日常生活用品相联系,如 T 恤衫、领带、茶杯、领带夹、礼品袋、其他各种赠品等。

八、交通工具类

交通工具是企业信息传播工具中最好的流动宣传形式。交通工具的类型根据企业具体情况而定,主要由汽车、船舶、飞机等几种基本类型构成。汽车类中主要包括公务用车、领导用车、员工班车、大型运输车、集装箱货车等;船舶类主要有大型货船、载客船、豪华游轮、小型游艇;飞机类包括大型客机和直升机等。交通工具的设计也要与其他应用项目一样,以企业基础识别部分的设计为出发点,以企业标志、企业标准字体和企业标准色为主,配合使用辅助图形和辅助色彩,对整体设计进行补充。

交通工具是一种流动性的传播方式,也是宣传企业的一个必要途径。给交通工具添加标志,可以强化人们对企业形象的认知。在设计时应具体考虑交通工具快速流动的特点,运用标准字和标准色来统一各种交通工具外观的设计效果。字体醒目、色彩强烈的企业标志才能引起人们的注意,才能最大限度地发挥其流动广告的视觉效果。

九、旗帜类

旗帜是 VI 应用设计的一部分,是体现企业感召力的重要标志。一般企业旗帜有司旗、挂旗、竖旗、桌旗等。每种旗帜有其不同的用途和意义:司旗一般以某团体、组织或企业标志为主体,体现公司的精神面貌和经营目标;挂旗、竖旗一般用于广告宣传,采用相对活泼的设计元素,表现形式比较丰富;桌旗是基于工作会议和公关谈判的需要而设计的,内容相对严肃,尺寸较小,坚持简约大方的设计原则。

司旗标准尺寸:1 440 mm×960 mm、960 mm×640 mm。挂旗标准尺寸:8 开,376 mm×265 mm,4 开,540 mm×380 mm(参考尺寸)。竖旗标准尺寸:750 mm×1 500 mm。桌旗标准尺寸:210 mm×140 mm(与桌面成 75°夹角)。旗帜的配件部分也需要进行设计,对旗杆、旗帜朝向和旗帜所放的位置都要进行充分、全面、细致的考虑。

课后练习

"婚庆礼品"形象设计,要求:体现结婚庆典的喜庆和传统文化特点,设计包括标志、字体、标准色、组合关系、辅助图形等视觉识别基础要素,形成草图十张,方案三个,用 A4 纸打印,页数约三十张。

Qiye Xingxiang Sheji

第七章

CI设计的新领域

CI 设计中新型识别战略的产生是时代发展的要求。我们在体验新型识别战略给企业带来经济效益的同时,更要清楚地认识到各种新型识别战略的深层含义。

一、感觉识别的内容及应用

感觉识别是一个包罗万象的系统,它通过视觉、听觉、嗅觉、味觉、触觉等一切人类可以感知外界事物的综合感官刺激,帮助人们接收企业信息,从而树立品牌形象。在高度信息化的现代社会,只有有效抓住人们的感觉,企业的产品才会引起人们的注意,让人们通过感官刺激记住企业形象。

企业应针对自己的目标市场选择恰当的方式,给消费者带来美妙的感官享受。同时,也要让这种感觉有效地区别于其他同类竞争产品的感觉识别。

1. 视觉识别系统中听觉识别的介入

在感觉识别系统中,最常见的就是视觉识别。在全球经济大发展的时代里,听觉识别已介入视觉识别系统中。

为什么一听到“更多选择、更多欢笑,就在麦当劳”就想起了在麦当劳进餐的美好感受?

为什么丰田汽车的广告歌像流行歌曲一样受追捧?

为什么英特尔要求每个使用它的芯片的厂家在做广告时,都要打上英特尔的标志并辅以节奏感鲜明、令人回味无穷的“咚咚咚咚咚 ”的声音?

对一个陌生人的认知,不仅可以通过外表,还可以通过声音;对品牌的认识也是一样的,长期独特的声音传播,可以使人对品牌产生一对一的联想,并由此来认知、判断品牌。

听觉识别,是通过听觉刺激传达企业理念、品牌形象的系统识别方式。听觉刺激在人们头脑中产生的记忆和视觉刺激产生的记忆相比毫不逊色,而且一旦和视觉识别相结合,将会产生更持久有效的记忆。

科学研究表明,人类对信息的获取 78%来自视觉,由此可以看出视觉的冲击永远是占据主导地位的。大众每天接触广告的数量越来越多,要让大众记住品牌,单有视觉上的冲击还不够。所以,只有充分调动大众的视觉、听觉,甚至味觉、触觉等各个方面,才能更好地传播品牌。

随着个性化要求的增强,声音完全可以成为一种新型的识别方式。一段优美的旋律可以深深地打动人,甚至比视觉来得更强烈。这就说明人们对于陌生事物的认知,不仅可以通过外表,还可以通过声音来建立。如大家所熟悉的 IBM、NOKIA、MOTO 的电子音乐,正是通过熟悉的音乐与企业形象建立了直接的联系。

听觉识别主要由以下内容构成。

1)主体音乐

主体音乐是企业的基础识别,主要包括企业团队歌曲、企业形象歌曲;主要用于增强企业的凝聚力,强化企业内部员工的精神理念,展示企业形象。

2)标志音乐

标志音乐是主要用于广告宣传的音乐,一般是从大企业主体音乐中摘录出的高潮部分,具有与商标同样的功效。

3)主题音乐

主题音乐是从高层次出发来展示企业形象,通过交响乐、民族器乐、轻音乐等对企业形象进行全方位的展示。

4)广告导语

广告导语一般是广告语中的浓缩部分,以很简洁的一句话来体现企业的精神,凸显企业的个性。

5)品牌名称

在设计品牌名称时,要强调朗读感,以朗朗上口、响亮悦耳为宜。同时还要注意与企业理念、精神等内容相协调,以赢得大众的认同,从而提高企业的知名度和美誉度。

2. 视觉识别系统中导入触觉概念

任何事物都由特定的材质构成,不同的材质产生不同的触觉感受,这就是我们所说的肌理感。肌理是物体外表的质地特征,质地的软与硬、光滑与粗糙,从外观上就可以看出。质感大致可分为两种:视觉型和触觉型。视觉型就是我们所说的视触觉,视触觉是真正的触觉给人的一种经验反映,这种感觉通过先前的经验得以产生,再经过编译和转化,成为一种视觉信息,进而对后来的触觉判断产生指导作用。我们可以通过视触觉来判断新事物,以此来诱导我们产生接触的愿望或者警示我们远离危险。例如,没有人愿意把手放到剪刀的刀口中去,看到锋利的剪刀,会让人无形中产生危险、疼痛的感觉,促使我们远离它。而当我们面对毛茸茸的雏鸡时,很愿意去把它捧在手中,这是由于原有的经验告诉我们:雏鸡没有攻击性,于是原有的经验诱导了我们的行为。

在 CI 设计中,视触觉导入必须建立在触觉高度可视化的基础上,也就是它必须有较强的视觉传达功能,能合理地导入可视的触觉信息,可以帮助品牌树立具有亲和力的视觉形象。视触觉能让人们了解到平面的视觉形式也能够传达出超强触觉的感受。

视触觉一般以生理触觉和心理触觉相互作用形成的综合触觉作用于受众。

3. 嗅觉、味觉在识别系统中的应用

在一些特殊的行业里,比如,在化妆品及餐饮等日常消费的领域里,人们对味觉的感受比较看重。进入这类店面,视觉和味觉几乎是同时打开的,味觉能影响人的心情,特殊的味觉能让人记忆持久,当然这一点实施起来比较复杂,因为人的品位喜好不一样,因而比较难寻找到一种适合大众口味的特殊芬芳,但这也是随着科技进步应该逐步被涉及的领域,通过嗅觉的识别事实上可以上升到一个更高层次的品位的境界。

当然,通过嗅觉、味觉传递形象识别,可能很抽象,但这些因素对品牌形象的影响却非常大。如消费者在购买香水时,除认同品牌外,还通过嗅觉的参与来辨别产品。比如,当一个盲人从麦当劳门口经过的时候,他什么也看不见,却能够通过气味和麦当劳播放的广告音乐知道这是哪个品牌,这就是嗅觉和听觉等感官在发挥识别作用。

再比如,1915 年,在国际巴拿马博览会上,中国茅台酒工作人员摔瓶溢香,茅台酒独特的香味首先赢得了各国专家的好感,接下来,工作人员通过茅台酒的色泽、口感、喝完后的感受、美丽的传说,以及独特的包装征服了评委,并让大家牢牢记住了这个东方神奇的“玉液”。这其实就是茅台酒的“嗅觉”“味觉”“视觉”等

识别系统在起作用。

二、情感识别的内容及应用

情感识别，强调功能以外的非物质属性，是指企业营造某种气氛，或引发情绪和情感唤醒等，引导消费者形成积极的品牌态度，从而强化品牌形象。情感诉求是现代企业广泛采用的诉求方式，它通过赋予产品以个性化、人性化的特征或者赞助希望工程、赈灾济荒，发布关注环保、爱惜时间的公益广告，和消费者进行心灵情感上的沟通。情感识别在消费者心目中唤起的认知具有持久性和连续性，有利于品牌忠诚度的建立，使企业跳出产品的范畴，以情动人树立品牌形象的识别系统。情感识别包括参与公益活动、发布公益广告、赞助大型社会活动等方式。

企业或产品被赋予各种精神或情感价值，对目标受众产生重要影响，而且这种情感价值还要区别于其他同业竞争对手。这种情感价值有细腻的、粗犷的、浪漫的、自豪的、亲情的、爱情的等特征，可以引发消费者强烈的共鸣。

三、技术发展对视觉识别系统的影响

自从计算机技术被引入设计领域以来，实现创意的手段和方法变得越来越丰富。以前标志设计受技术的制约，崇尚简约，随着计算机技术和软件功能的不断完善，标志设计也因此而焕发出全新的活力。此外，材料技术的突破也为视觉识别系统的发展起到了重要的促进作用。

最突出的例子当数 2000 年汉诺威世博会的标志，它是一个展现时空流动和延伸，不断变化形态和色彩、无固定结构的图形，能根据不同场合改变结构与色彩的搭配，在整体结构不变的情况下时刻呈现出不同的运动状态，特征非常鲜明，无论应用在什么地方，都能达到有效而准确的视觉识别目的。它极富动感的造型与传统静止的印刷形态产生了强烈的对比，这个视觉识别系统的成功是标志设计领域设计手段变化的重要标志。

随着信息时代的到来，传统的媒介方式受到了前所未有的挑战，人与人之间信息的传播逐渐偏重于网络虚拟化，在这种情况下，标志设计风格也出现了新特点。典型的代表有三维造型的应用、材质和光泽的应用、渐变色彩的应用等。各大知名企业纷纷顺应时代发展需求更新或设计新的视觉识别系统，尤其是高科技类企业如微软、苹果、新浪、索尼，以及一些著名的网站等都将自己的产品标志升级更换为极具时尚感的新标志，其绚丽的光泽、晶莹剔透的质感，象征着企业与时俱进和高技术含量的特征，这种虚拟三维空间的可视化效果，增强了标志的实体感，给人以更强的视觉冲击力。

20 世纪 90 年代，网络逐渐进入我们的生活。21 世纪，网络应用已经普及至社会的各个层面。作为企业传播和企业发展的有力工具，网络有其自身的特点——信息量大、覆盖面广、受众广泛。网络互动已成为互联网环境中品牌形象设计的新要求，网络在社会生活中的广泛使用使企业将网络广告作为对外宣传的重要手段。据统计，有 90%的上班族用网络安排生活，如购物、出游、交费等。淘宝网就是利用网络成长并壮大的典型案例。淘宝网倡导诚信、活泼、高效的网络交易文化，在为淘宝会员打造更安全高效的网络交易平台的同时,淘宝网全心营造互帮互助、轻松活泼的交易氛围。2005 年 10 月,淘宝网宣布在未来 5 年,为社会创造 100 万个就业机会,帮助更多的网民在淘宝就业、创业。截至 2007 年,淘宝网已经为社会提供了 20 万个就业岗位。

四、CI 对城市形象识别系统的影响

1. 城市 CI 的概念

CI 中的“C”,不仅是指企业,广义上也代表着国家、城市、公共场所。以此推衍,CI 不仅能运用于商业活动中,而且还能运用于城市的形象识别中。城市 CI 就是将企业识别方法、理论运用于城市的管理、经营、规划及建设中,形成的一套完整的城市形象识别系统。

城市形象识别系统是一个城市静态的识别符号,也是城市形象设计最外露的、最直观的表现,它来自城市又作用于城市。城市 CI 往往在自然、气候、地质、地貌、人文、民族、民俗、政治、宗教、文化、经济等因素中提取城市总体形象设计元素,形成城市品牌理念及核心价值观,并通过整合等传播手段获得受众认可,以突出城市独特的社会文化环境,提高知名度。可以说,提升城市形象将创造城市的发展优势,有利于城市现代化、国际化的进程。

目前,国内外许多城市都拥有完善的城市品牌识别计划,它们强调卓越的设计,由政府或政府委托的公司负责执行,建立严格的控制措施,以保持城市的品牌素质。

城市 CI 虽然由企业 CI 延伸而来,但两者还是存在着一定的差异。城市 CI 的行为对象是城市受众,企业 CI 的行为对象则是企业的员工及其顾客;城市 CI 的行为主体是城市,企业 CI 的行为主体是企业;城市 CI 强调城市性格与城市发展战略,属于公益目的,企业 CI 则强调企业特征及经营策略,有较强的功利目的;城市 CI 包含政治、历史、宗教、经济、文化等方面的内容,企业 CI 则较为单一。

城市 CI 源自企业 CI,因此两者具备不少共通性。其一,设计理念都是对城市或企业进行整体包装,将概念图式化与形象化;其二,在使用概念上相同,都包括理念识别、行为识别、视觉识别;其三,在传播方式上都强调视觉的传媒效应;其四,都注重以人为本,实现人与城市或人与企业之间的信息传递及信息反馈。

2. 城市 CI 的主要内容

就应用层面而言,狭义的城市 CI 最具有现实意义。狭义的城市 CI 即城市视觉识别系统主要处理城市的公共界面,如广场、街道、滨江滨湖地带、公园和绿地等城市景观。这种景观大可至城市或街区,小可至建筑或景观。狭义的城市 CI 对城市总体形象塑造具有战略意义。

广义的城市 CI,除包括上述狭义的内涵外,还有对城市环境、城市活动、城市构成、城市规模等各类要素的总体概括。如有些城市提出的“市训”即是城市精神文明战略的目标;有些城市提出“市民行为准则”,是对市民文明行为的倡导。现行的城市发展战略研究更趋于对城市物质目标的追求,因而具有物质文明特征,这些都属于城市 CI 的理念识别。由广义的城市 CI 所形成的理念可以成为一个城市追求和奋斗的目标,是城市精神文明与物质文明建设的总体反映。因此,广义的城市 CI 也对城市总体形象塑造具

有战略意义。

狭义的城市 CI 对以下城市设计内容具有实践指导意义。

1)城市广场

城市广场作为一种城市艺术,是城市空间布局的中心和闪光点,广场的设计应承袭传统和历史,它传递着美的韵律和节奏,体现出城市的文化特征和品位。

2)城市街景

街景对于城市面貌的形成有着重要的作用。街景主要由沿街建筑形成,是展示城市特有风采的风景线。在街景中,广告、导示、建筑、灯光、匾额、电话亭、标牌等都要在城市环境艺术的整体中进行规划设计。

3)住宅建筑

在城市化和住宅商品化的今天,城市住宅建筑在规划、设计、施工、管理各个方面均跨入了一个新的历史阶段。住宅建筑应在政府的指导下整体规划,体现城市的个性,注重环保和节能。

4)植被绿化

植被绿化也是城市风景中不可或缺的一部分。花草树木的季节变化色彩纷呈,中国古代文人墨客历来喜爱以植物作为吟咏的题材,久而久之使得很多植物均具有人文色彩及人格化意义;植物的芬芳对人的感官有直接作用,与人的关系最为紧密,所有这些都是城市 CI 的资源。

5)道路桥梁

城市的道路桥梁是城市的骨架,对内起连接区域的作用,对外则是连接城市外部的主要设施,同时道路桥梁还是城市形象的外在反映。它们的建筑材料和筑造风格不仅体现出城市的历史,更是城市中的一道风景。

此外,城市色彩也是构成城市景观的重要因素。日本最著名的环境色彩规划家吉田慎悟说,城市色彩规划就是让城市保持或恢复个性。一个没有色彩的城市是不和谐的;但一个各种颜色都运用的城市,更是不伦不类的。我国古代城市的"特征色"曾经是非常鲜明的,比如,水墨江南的白墙黛瓦,京城的朱红城墙兼有五彩琉璃。那时由于地域与交通的局限,促使每个城市在建造的过程中仅从关注自身的角度取材、选料,自然而然就形成了原汁原味的城市特征色。

3. 城市 CI 设计的步骤

1)形象定位与概念抽取

城市形象定位即从城市自然、人文、经济等错综复杂的因素中抽取其中的要点并概念化。这些要点应能综合反映城市的地域性、文化性、时代性特征,能充分表达城市脉络,体现概念对于城市的时空意义,推演出城市鲜明的时代个性。通过对这些要素的整理和抽取,城市 CI 力图促进城市的整体统一,这也是城市规划及设计所要达到的目标之一。

2)概念的图形化转换过程

城市 CI 设计的第二步就是根据形象定位及概念抽取,进行图形化转换。概念的图形化转换是城市 CI 设计的关键,必须准确地表达概念的意义。概念的图形化可有多种,但一定要主次分明,因为城市内涵的广泛性,不是一个图形就能涵盖的。

4. 城市 CI 元素在景观中的应用

将标志图案广泛应用于标志性建筑、园林绿化、市政设施中，同时也渗透到城市景观规划设计的各个环节。

课后练习

亲和坊中式快餐形象设计，要求：标志要体现中式快餐的特点，能够结合葫芦、钱币、祥云、厨师帽等元素进行设计，设计包括标志、标准字体、标准色、组合关系、辅助图形等视觉识别基础元素，形成草图十张，方案三个，A4 纸打印，页数约三十张。

Qiye Xingxiang Sheji

第八章

VI设计实践

一、无锡善志创意营销策划标志

无锡善志创意营销策划有限公司 2004 年成立设计工作室，2009 年整合提升为善志品牌建设机构，率先提出“品牌建设产业链整合”理念，锁定餐饮行业，分别整合品牌策划、平面设计、网站建设、空间设计、软装设计、工程施工、市场营销等专业，成立了善工志装饰设计工程有限公司、善意志创意营销策划有限公司，围绕餐饮品牌核心价值，展开一站式餐饮品牌形象系统建设。善志品牌建设机构专注于挖掘品牌核心价值，以“市场没有的，消费者需要的，我能有”的独家专业观点，让口号为品牌讲故事，让形象为品牌讲故事，让空间为品牌讲故事，集中体现品牌的核心价值观，创造统一的品牌形象，主要业务方向为打造独一无二的主题餐厅，打造餐饮连锁品牌标准化系统。该企业的标志以“善志”两个字为设计元素，在设计中融入二方连续等设计元素，寓意企业的发展前程似锦、活力连绵不绝，与“尽善尽美”一脉相承。

二、无锡乾元座餐饮有限公司 VI 设计

无锡乾元座餐饮有限公司是一家以粤菜为主的中式餐厅，在标志设计上以清朝皇室推崇的色彩为主要设计元素，在设计中融入天干地支等传统元素，创造出一个既有传统文化形象，又有现代设计风格的标志形象。

三、南通蓝星集团 VI 设计

南通蓝星集团 VI 设计以“蓝星”两字的中文与英文为设计元素，以蓝色作为主色调进行设计，体现该集团以科技为中心，以低碳、环保为经营宗旨的企业形象。

四、龅牙兔儿童情商乐园 VI 设计

龅牙兔儿童情商乐园，中国第一家专业从事 0～17 岁人群情商训练的权威机构。机构遍及上海、北京、成都、厦门、宁波、苏州、重庆、广州、深圳等城市。该乐园主要教给孩子正确的观念及知识，塑造孩子在自我形象、情绪管理、挫折抵抗、沟通、人际关系及领导力方面的技巧。该乐园的标志以一只活泼可爱的兔子作为标志主体，夸张其聪明机灵的耳朵和牙齿，色彩采用银色与蓝色相结合，简洁而温馨。

五、无锡城市标志

无锡太湖新城城市徽标以蓝色、绿色、银色为标准色，与太湖山水、市花共同构成一个完整、圆满的文化符号，既体现出无锡文化名城、山水名城的城市特色，又蕴含无锡活力之城、腾飞之城的城市气质。蓝色，代表新城中央广场是依水而建的；绿色，表达新城功能定位中的生态宜居中心；银色，代表新城中的科技创意中心。把“湖”字的左上点化为湖蓝色的圆点，形象地表达了太湖新城建设是无锡从“运河城市”向“滨湖城市”的历史性跨越发展。

附:完整VI项目设计书

一、视觉基础要素设计

1.企业标志

企业标志,可分为企业自身的标志和商品标志。

企业标志的特点:识别性、系统性、统一性、形象性、时代性。

调查企业经营实态、分析企业视觉设计现状,具体包括如下内容:

(1)企业的理念精神内涵与企业的总体发展规划;

(2)企业的营运范围、商品特性、服务性质等;

(3)企业的营销现状与市场占有率;

(4)企业的知名度与美誉度;

(5)企业经营者对整个形象战略及视觉识别风格的期望;

(6)企业相关竞争者和本行业的特点等。

标志作业的缜密化:标志细部的缜密化;标志形态的数值化:方格化,比例尺寸标志法,圆弧角度标志法;标志形态的多样化:线条粗细的变化,正负形的变化,彩色与黑白的变化,各种点、线、面的变化(如空心体、网纹、点成面、线成面等),对应不同媒体的形态变更,缩小或放大形态的变化。

2.企业标准字体

企业标准字体是将企业名称、企业商标名称、活动主题、广告语等进行整体组合而成的字体。

企业标准字体特征:识别性、可读性、设计性、系统性。

企业标准字体种类:企业名称标准字体、产品或商标名称标准字体、广告性活动标准字体。

企业更名方案有以下几种情况:

(1)全面变更公司名称,包括现有标准字体、标准色等基础要素;

(2)部分变更或简化企业名称,同时推出新的标准字体、标准色;

(3)阶段性变更;

(4)统一企业名称和商标品牌名称;

(5)在企业名称的标准字体和标准色不变的前提下,根据不同的使用场合,开发出适应不同场合的变化形式,以达到形式的变化。

标准字体制图常用两种方法:方格表示法和直接标志法。

3.企业标准色

企业标准色,是指企业通过色彩的视觉传达,设定反映企业独特的精神理念、组织机构、运营内容、市场营销与风格面貌的色彩。

1)调查分析阶段

(1)企业现有标准色的使用情况分析;

(2)公众对企业现有色的认知印象分析;

(3)竞争企业标准色的使用情况分析;

(4)公众对竞争企业标准色的认知印象分析;

(5)企业性质与标准色的关系分析;

(6)市场对企业标准色的期望分析;

(7)宗教、民族、区域习惯等忌讳的色彩分析。

2)概念设定阶段

积极的、健康的、温暖的(如红色);

和谐的、温情的、任性的(如橙色);

明快的、希望的、轻薄的(如黄色);

成长的、和平的、清新的(如绿色);

诚信的、理智的、消极的(如蓝色);

高贵的、细腻的、神秘的(如紫色);

厚重的、古典的、恐怖的(如黑色);

洁净的、神圣的、苍白的(如白色);

平凡的、谦和的、中性的(如灰色)。

3)色彩形象阶段

通过对企业形象概念及相对应的色彩概念和关键语的设定,进一步确立相应的色彩形象识别系统。

4)模拟测试阶段

(1)色彩具体物的联想、抽象感情的联想及消费者喜好等心理性调查;

(2)色彩视知觉、记忆度、注目性等生理性的效果测试;

(3)色彩在实施制作中,技术、材质、经济等因素的分析评估。

5)色彩管理阶段

本阶段主要是对企业标准色的使用做出数值化的规范,如表色符号、印刷色数值。

6)实施监督阶段

对不同材质制作的标准色进行审定;

对印刷品打样进行色彩校正;

对商品色彩进行评估;

其他使用情况的资料收集与整理等。

4. 辅助图形

辅助图形是企业识别系统中的辅助性视觉要素,它包括企业造型、象征图案和版面编排等三个方面的设计。

1)企业造型的设计与应用

企业造型是为了强化突出企业或产品的性格特征,而设计的漫画式人物、动物、植物、风景或其他非生命物质等,是企业的具体象征。

企业造型的应用:二维媒体,如印刷品等;三维媒体,如影视媒体;户外广告和 POP 广告等,如路牌、车体;企业公关物品和商品包装等。

2)象征图案的设计构成

象征图案不是纯装饰的图案,是企业基本视觉要素的拓展联系。

企业象征图案的设计题材:以企业标志的造型为开发母体;以企业标志的意义或企业理念为开发母体。

3)版面编排设计

一般的版面包括天头、版心、地脚三大部分,编排设计的内容要素包括视觉识别系统中的基本要素组合、正文(文字和图)、企业造型等,它们处于版面的不同位置。

版面编排常用两种表示方法:直接标示法和符号标示法。

(1)企业视觉识别基本要素的组合方式:根据具体媒体的规格与排列方向,采用横排、竖排等不同形式的组合方式。

标志同其他要素的组合方式:标志同企业中文名称或略称的组合;标志同品牌名称的组合;标志同企业英文名称全称或略称的组合;标志同企业名称或品牌名称及企业造型的组合;标志同企业名称或品牌名称及企业宣传口号、广告语等的组合;标志同企业名称及地址、电话号码等资讯的组合。

(2)禁止组合规范:在规范的组合上增加其他造型符号;规范组合中的基本要素的大小、广告、色彩、位置等发生变化;基本要素被进行规范以外的处理,如标志加框、立体化、网线化等;规范组合被进行字距、字体变形、压扁、斜向等改变。

(3)专用字体包括标准字体和指定字体。

标准字体:多用于企业名称、商品名称、商标名称等。

指定字体:常用于部门名称、设施名称、分支机构名称及其地址、广告内容、正式文书等。

版面编排设计选择专用字体应注意:调查整理专用字体的使用范围、使用目的、使用状况等;选用指定字体,应考虑同标志和标准字体等基础要素的风格相协调;所选字体的种类及文字的组合形态、方法应有一定的规律,并形成具有可读性的、再现性的、识别性的文字系统。

二、视觉应用要素设计的准备工作

1. 应用要素项目的现状调查

对现有应用要素的项目进行调查。现有应用要素的项目主要有以下几种:

(1)办公用品类,如名片、各式文书等;

(2)广告促销类,如小手册、电视广告、公告资料等;

(3)标志招牌类,如旗帜、各类导引标志等;

(4)运输工具类,如运输卡车、拖车等;

(5)产品包装类,如商标、包装纸等;

(6)员工制服类,如徽章、工作服等;

(7)建筑环境类,如建筑外观、办公室等;

(8)展示典礼类,如纪念活动、展示环境、专卖店等。

2. 应用要素设计开发策略的确定

对于企业形象中的具体应用要素设计项目而言,在开发设计之前,应对其客观的限制条件和依据做出必要的确定,避免设计项目很精美,但不能使用的问题。

(1)项目的功能需要。主要是指完成设计项目成品所必需的基本条件,如形状、尺寸规格、材质、色彩、制作方式和用途等。

(2)项目使用的法律性限制。如信封的规格,招牌指示等所处环境的法规条例。

(3)行业性质的需要。主要是指企业所在行业中,一些约定俗成的规定或需要,如事务性用品中的单据、包装设计的规定等。

三、具体应用设计项目的展开

1. 办公用品类

1)项目种类

办公用品类项目种类包括:①名片;②信纸;③信封;④便笺;⑤各类公文袋;⑥资料袋;⑦薪金袋;⑧卷宗袋;⑨合同书;⑩报价单;⑪各类表单和账票;⑫各类证卡(如邀请卡、生日卡、圣诞卡、贺卡);⑬年历、月历、日历;⑭工商日记;⑮奖状、奖牌;⑯茶具;⑰办公设施等用具(如镇纸、笔架、圆珠笔、铅笔、雨具架、订书机、传真机等)。

2)设计要素

办公用品类的主要设计要素一般包括:企业标志、企业名称(全称或略称)、标准字体、标准色、企业造型、象征图案、企业署名、地址、电话、电报、传真、电子邮箱、邮政编码、企业标语口号、运营内容。

2.产品包装类

1)项目种类

产品包装类项目种类包括:①外包装箱(大、中、小);②包装盒(大、中、小);③包装纸(单色、双色、特别色);④包装袋(纸、塑料、布、皮等材料);⑤专用包装(指特定的礼品、活动事件、宣传所用的包装);⑥容器包装(如塑料、金属、树脂等材质);⑦手提袋(大、中、小);⑧封口胶带(宽、窄);⑨包装贴纸(大、中、小);⑩包装封缄(大、中、小);⑪包装用绳;⑫产品外观;⑬产品商标;⑭产品吊牌。

2)设计要素

包装形式:单件设计、成套设计、组合设计、组装设计等。

构成要素:企业署名(企业标志、标准字体、标准色、企业造型、象征图案等)、图形(摄影、插图等)、文字(使用说明、质量保证等)、材质(纸、塑料、金属、布、皮等)、结构、制作工艺等。

3.旗帜规划类

1)项目种类

旗帜规划类项目种类包括:①公司旗帜(标志旗帜、名称旗帜、企业造型旗帜);②纪念旗帜;③横式挂旗;④奖励旗;⑤促销用旗;⑥庆典旗帜;⑦主题式旗帜等。

其中,各类吊挂式旗帜多用于渲染环境气氛,并与不同内容的公司旗帜一起使用,具有强烈的形象识别效果。

2)设计要素

旗帜规划类设计要素包括:企业标志、企业名称(略称)、标准色、企业造型、广告语、品牌名称、商标、图形、材质(纸、布、金属等)。

4.员工制服类

1)项目种类

员工制服类项目种类包括:①男女主管职员制服(两季);②男女行政职员制服(两季);③男女服务职员制服(两季);④男女生产职员制服(两季);⑤男女店面职员制服(两季);⑥男女展示职员制服(两季);⑦男女公务职员制服(两季);⑧男女警卫职员制服(两季);⑨男女清洁职员制服(两季);⑩男女后勤职员制服(两季);⑪男女运动服(两季);⑫男女运动夹克(两季);⑬运动帽、鞋、袜、手套;⑭领带、领带夹、皮带、衣扣;⑮安全帽、工作帽、毛巾、雨具。

2)设计要素

员工制服类设计要素包括:企业基本视觉要素的运用,如企业标志、企业名称、标准色、广告语等;制服的内外造型(外观形态、内部款式等);材质(如朴素自然的棉麻布料,庄重挺拔的毛料,华丽高雅的丝绸缎料等);不同岗位性质的制服色彩;专制的衣扣、领带、领带夹、皮带等服饰配件。

5.媒体标志风格类

媒体标志风格类项目种类包括:①电视广告商标标志风格;②报纸广告商标标志风格;③杂志广告商标标志风格;④人事招聘商标标志风格;⑤企业简介商标标志风格;⑥广告简介、说明书商标标志风格;⑦POP

广告、直邮 DM 广告商标标志风格；⑧海报商标标志风格；⑨营业用卡（回函）商标标志风格。

6. 媒体广告类

1)项目种类

媒体广告类项目种类包括：①导入 CI 各阶段对内对外广告；②企业简介、产品目录样本；③电视、报纸、海报、杂志广告；④直邮 DM 广告、POP 广告；⑤通知单、征订单、明信片、优惠券等印刷物；⑥对内对外新闻稿；⑦年度报告、报表；⑧企业出版物（对内对外的宣传杂志、宣传报）。

2)设计要素

媒体广告类设计要素包括：企业标志、企业名称（略称）、象征图形等企业署名；企业色彩系统的运用；媒体比例尺寸、篇幅、材质；文字、图形图像、声音、镜头、光影及其结构格式。

7. 室内外标志类

室内外标志类项目种类包括：①招牌类；②室内外直式、模式、立式招牌；③大楼屋顶、楼层招牌；④骑楼下、骑楼柱面招牌；⑤悬挂式招牌；⑥柜台后招牌；⑦企业位置看板（路牌）。

8. 室内外指示类

室内外指示类项目种类包括：①符号指示系统（含表示禁止的指示、公共环境指示）；②机构、部门标示牌；③总区域看板；④分区域看板；⑤标志性建筑物壁画、雕塑造型。

9. 环境风格类

环境风格类项目种类包括：①主要建筑物外观风格；②建筑内部空间装饰风格；③大门入口设计风格；④室内形象墙面；⑤厂区外观色带；⑥玻璃门色带风格；⑦柜台后墙面设计；⑧公布栏、室内标语墙；⑨环境色彩标志；⑩踏垫；⑪烟灰缸、垃圾桶；⑫员工储物柜；⑬室内装饰植物风格。

10. 运输工具类

营业用工具，如服务用的轿车、吉普车、客货两用车、展销车、移动店铺、汽船等。

运输用工具，如大巴、中巴、大小型货车、厢式货柜车、工具车、平板车、脚踏车、货运船、客运船、游艇、飞机等。

作业用工具，如起重机车、推土车、升降机、公共用清扫车、垃圾车、救护车、消防车、电视转播车等。

主要设计要素：企业标志、品牌标志、标准字体、企业造型、象征图案及其组合方式、位置比例尺寸、制作工艺等。

11. 展示风格类

1)项目种类

展示风格类项目种类包括：①展示会场设计；②橱窗设计；③展板造型；④商品展示架、展示台；⑤展示参观指示；⑥舞台设计；⑦照明规划；⑧色彩规划；⑨商标名称标示风格；⑩椅子、桌子、沙发等风格。

2)设计要素

展示风格类设计要素包括：企业标志、标准字体、标准色、文字、图形、企业造型、空间结构、灯光、材料、展品、影音等。

12. 专卖店识别风格

1)专卖店识别企划

(1)准备阶段。提出整个识别设计的进度表，并列出有关事宜、创意设计方案和简单说明，收集各项资料，制定专卖店识别所需的计划等。

(2)设计阶段。根据上一阶段所准备的资料，制作平面配置图及各部分的立面图、透明图；制定家具风格、色彩规划及材料计划表。

(3)编制规范手册。制作详细的平面图、立体图、剖面图和局部大样图;灯光配置规划和说明;家具配置计划图;施工规范图;施工规范说明。

2)项目种类

专卖店识别风格项目种类包括:①各空间区域的平面图和立体图、施工图;②各类材质规划;③各空间区域色彩风格;④功能设备规划(如水电、照明等);⑤环境设施规划(如柜台、桌椅等家具,盆栽、垃圾桶、烟灰缸等环境风格,各类橱柜);⑥店员服饰风格、店内外广告招牌造型;⑦店内外标志类;⑧商品展示类(如商品陈列台、促销台、价目牌、分类牌、店卡、商品目录架、品牌灯箱等)。

四、编制 VI 视觉识别手册

1. 设计手册结构体系

(1)概念的诠释。如 CI 概念、设计概念、设计系统的构成及内容说明。

(2)基本设计项目的规定。主要包括各设计项目的概念说明和使用规范说明等。如企业标志的意义、定位、色彩的表示规定、使用说明和注意事项,标志变化的目的和使用范围等。

(3)应用设计项目的规定。主要包括各设计项目的设计标准、使用规范和样式、施工要求和规范详图等。如办公用品类的使用字体、色彩及制作工艺等。

2. 设计手册编制形式

(1)将基本设计项目规定和应用设计项目规定,按一定的规律编制装订成册,多采用活页式,以便于增补。

(2)将基本设计项目规定和应用设计项目规定,分开编制,各自装订成册,多采用活页式和目录式。

(3)根据企业不同机构(如分公司)或媒体的不同类别,将应用设计项目分册编制,以便各机构使用。

3. 设计手册具体内容

(1)引言部分。如领导致词,企业理念体系说明和形象概念阐述,导入 CI 的目的和背景,手册的使用方法和要求。

(2)基本设计项目及其组合系统部分。如基本要素的表示法、变体设计等。

(3)应用设计项目部分。

(4)主要设计要素样本部分。

课后练习

尚·简企业形象设计工作室形象设计,要求:标志能够体现工作室的特点,具有现代气息和前卫意识,设计包括标志、标准字体、标准色、组合关系、辅助图形等视觉识别基础要素,形成草图十张,方案三个,A4 纸打印,页数约四十张。

Qiye Xingxiang Sheji

第九章
企业标志欣赏

企业标志欣赏如图 9-1 至图 9-206 所示。

图 9-1 可口可乐标志

图 9-2 AEG 公司标志

图 9-3 美孚石油公司标志

图 9-4 3M 公司标志

图 9-5 马自达汽车标志

图 9-6 健伍音响标志

图 9-7 TDK 公司标志

图 9-8 无印良品标志

图 9-9 中央电视台标志

图 9-10 太阳神口服液标志

图 9-11　嘉陵工业标志　图 9-12　华帝燃气标志　图 9-13　科龙电器标志　图 9-14　康恩贝制药标志

图 9-15　秦池酒业标志　图 9-16　IBM 公司标志　图 9-17　万宝路香烟标志

图 9-18　联合利华标志　图 9-19　卡夫食品标志　图 9-20　夏新电子标志

图 9-21　松下电器标志　图 9-22　海尔电器标志　图 9-23　雅戈尔服饰标志

图 9-24　惠灵顿机场标志

图 9-25　蒙牛集团标志

图 9-26　中粮集团标志

图 9-27　五谷道场标志

图 9-28　五粮液集团标志

图 9-29　古井集团标志

图 9-30　泸州老窖集团标志

图 9-31　剑南春集团标志

图 9-32　茅台集团标志

图 9-33　洋河集团标志

图 9-34　郎酒集团标志

图 9-35　水井坊集团标志

图 9-36　杏花村集团标志

图 9-37　青岛啤酒标志

图 9-38　雪花啤酒标志

图 9-39　索尼标志

图 9-40　苹果标志

图 9-41　耐克标志

图 9-42 阿里巴巴品牌标志

图 9-43 立白集团标志

图 9-44 58 同城标志

图 9-45 百合网标志

图 9-46 丰田集团各汽车标志

图 9-47 茅台集团及各产品标志

图 9-48　北京奥运会会徽

图 9-49　万达广场标志

图 9-50　万达集团标志

图 9-51　海尔集团标志的变迁

图 9-52　刘家功夫针标志

图 9-53　古埃及标志

图 9-54　自由 2 标志

图 9-55　香港周刊标志

图 9-56　1010 标志

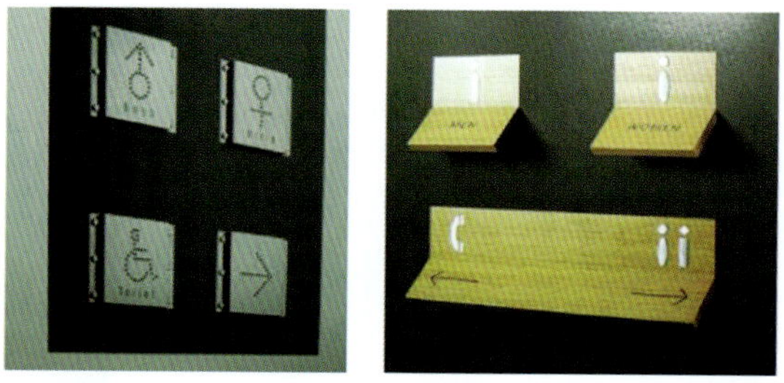

图 9-57　公共场所导示标志

图 9-58　汪氏摄影工作室标志

图 9-59　悉尼奥运会标志

图 9-60　雅典奥运会标志

图 9-61　伦敦奥运会标志

图 9-62　上海海洋水族馆标志

图 9-63　中国移动标志

图 9 64　福多多餐馆标志

图 9-65　中华香烟标志

图 9-66　雀巢标志

图 9-67　慈善机构标志

图 9-68　拍卖行标志

图 9-69　尚朋堂饭店标志

图 9-70　真彩标志

图 9-71　江南城标志

图 9-72　宁波博物馆标志

图 9-73　四川省博物馆标志

图 9-74　渔家功餐馆标志

图 9-75　全聚德标志

图 9-76　水香国色标志

图 9-77　中华汽车标志

图 9-78　修安科技标志

图 9-79　上海世博会标志

图 9-80　中国银行标志

图 9-81　北京大学标志

图 9-82　六必居标志

图 9-83　杏花楼标志

图 9-84　艺杰堂设计标志

图 9-85　大众汽车标志

图 9-86　本田汽车标志

图 9-87　B&D 公司标志

图 9-88　质量安全标志

图 9-89　皮尔·卡丹标志

图 9-90　家乐福标志

图 9-91　江苏卫视标志

图 9-92　中国互联网络信息中心标志

图 9-93　电子邮件标志

图 9-94　Adobe 公司标志

图 9-95　日本兄弟缝纫机标志

图 9-96　海通公司标志

图 9-97　City 购物中心标志

图 9-98　乐购标志

图 9-99　易联网络科技标志

图 9-100　希尔顿饭店标志

图 9-101　冈本制袜标志

图 9-102　绿地集团标志

图 9-103　SOHO 中国基金会标志

图 9-104　方太厨电标志

图 9-105　欧派标志

图 9-106　屈臣氏标志

图 9-107　香格里拉标志

图 9-108　七喜饮料标志

图 9-109　中国银行周年标志

图 9-110　三九企业集团标志

图 9-111　8 设计工作室标志

图 9-112　21 世界报标志

图 9-113　南京 1912 标志

图 9-114　宝马汽车标志

图 9-115　85℃咖啡标志

图 9-116　555 香烟标志

图 9-117　老人头标志

图 9-118　公牛世家电器标志

图 9-119　白茶标志

图 9-120　彩采网标志

图 9-121　龙井茶标志

图 9-122 浏阳河酒标志

图 9-123 杭州城市标志

图 9-124 张小泉剪刀标志

图 9-125 白云国际机场标志

图 9-126 精武鸭脖标志

图 9-127 鳄鱼皮具标志

图 9-128 中华老字号标志

图 9-129 东方卫视标志

图 9-130 天堂伞标志

图 9-131 长城汽车标志

图 9-132 新飞电器标志

图 9-133 永乐生活电器标志

图 9-134 五星电器标志

图 9-135 红蜻蜓皮鞋标志

图 9-136 金朝阳陶瓷标志

图 9-137 开开制衣标志

图 9-138 千百度鞋业标志

图 9-139 一牛皮鞋标志

图 9-140 利郎商务男装标志

图 9-141 海螺服饰标志

图 9-142　七匹狼标志

图 9-143　乐乐英语标志

图 9-144　LG 电子标志

图 9-145　劳力士标志

图 9-146　迪斯尼标志

图 9-147　法拉利标志

图 9-148　柯达标志

图 9-149　富士标志

图 9-150　公牛队标志

图 9-151　好莱坞电影标志

图 9-152　派克钢笔标志

图 9-153　太极图标志

图 9-154　有康数码标志

图 9-155　盛达连物业标志

图 9-156　中国黄金标志

图 9-157　南非世界杯标志

图 9-158　巴西世界杯标志

图 9-159　网丫场标志

图 9-160　名家科技标志

图 9-161　斯柯达汽车标志

图 9-162　创智点睛公司标志

图 9-163　百度春节标志

图 9-164　联邦快递标志

图 9-165　捷豹汽车标志

图 9-166　汇泷投资标志

图 9-167　江铜集团标志

图 9-168　影拓标志

图 9-169　中国制造网标志

图 9-170　筑巢数字标志

图 9-171　数字影像标志

图 9-172　二维码标志

图 9-173　爱普生二维码标志

图 9-174　bosshogstudio 标志

图 9-175　主题创意设计联盟标志

图 9-176　NBC 标志

图 9-177　房地产标志

图 9-178　好事饮品标志

图 9-179　Directline Group 标志

图 9-180　AleniaAermacchi 标志

图 9-181　出版社标志

图 9-182　Windows8 标志

图 9-183　lola&grace 标志

图 9-184　华誉会计师事务所标志

图 9-185　British Gas 标志

图 9-186　嘉兴 2010 浙江省第十四届运动会标志

图 9-187　dish 标志

图 9-188　COMPANYNAME 标志

图 9-189　Starcreative 标志

图 9-190　DLUX 标志

图 9-191　MYCOMPANY 标志

图 9-192　YOURCOMPANY 标志

图 9-193 运动标志

图 9-194 成品建筑标志

图 9-195 东安建筑标志

图 9-196 东风雪铁龙标志

图 9-197 水晶效果标志

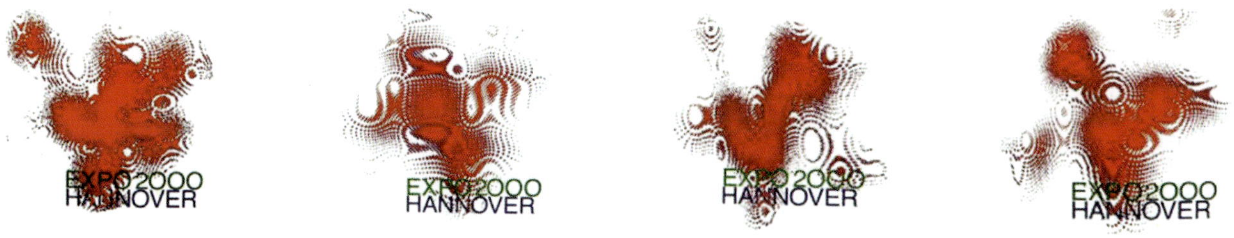

图 9-198 2000 年汉诺威世博会系列标志

图 9-199 腾讯系列标志

图 9-200 MSN 网站界面标志

图 9-201 具有触觉特征的标志

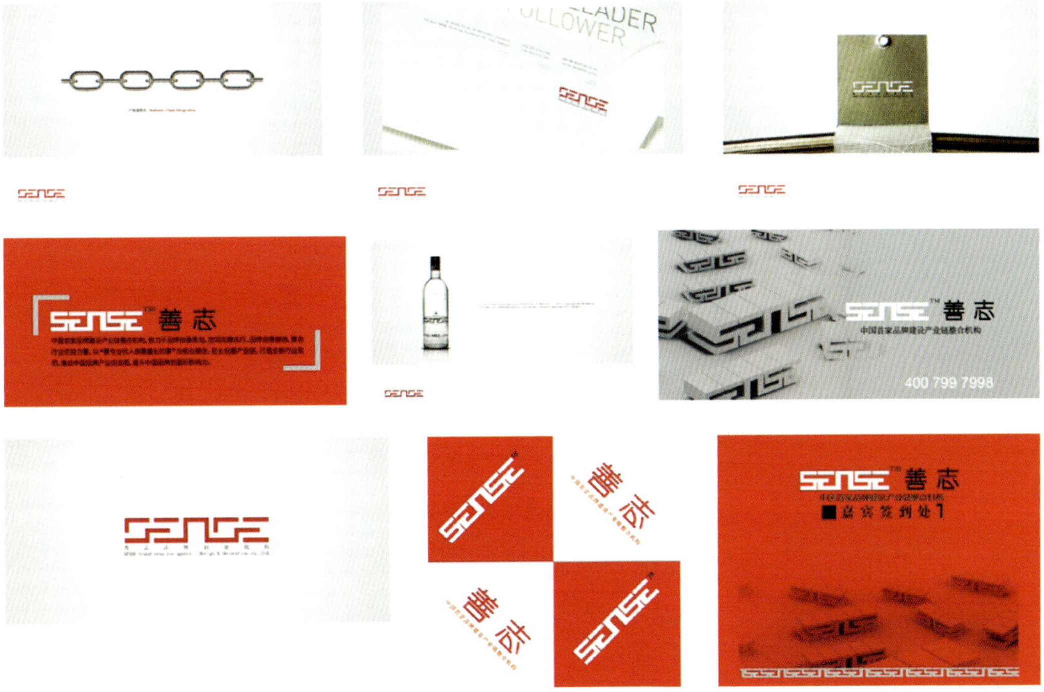

图 9-202 善志品牌营销策划标志

续图 9-202

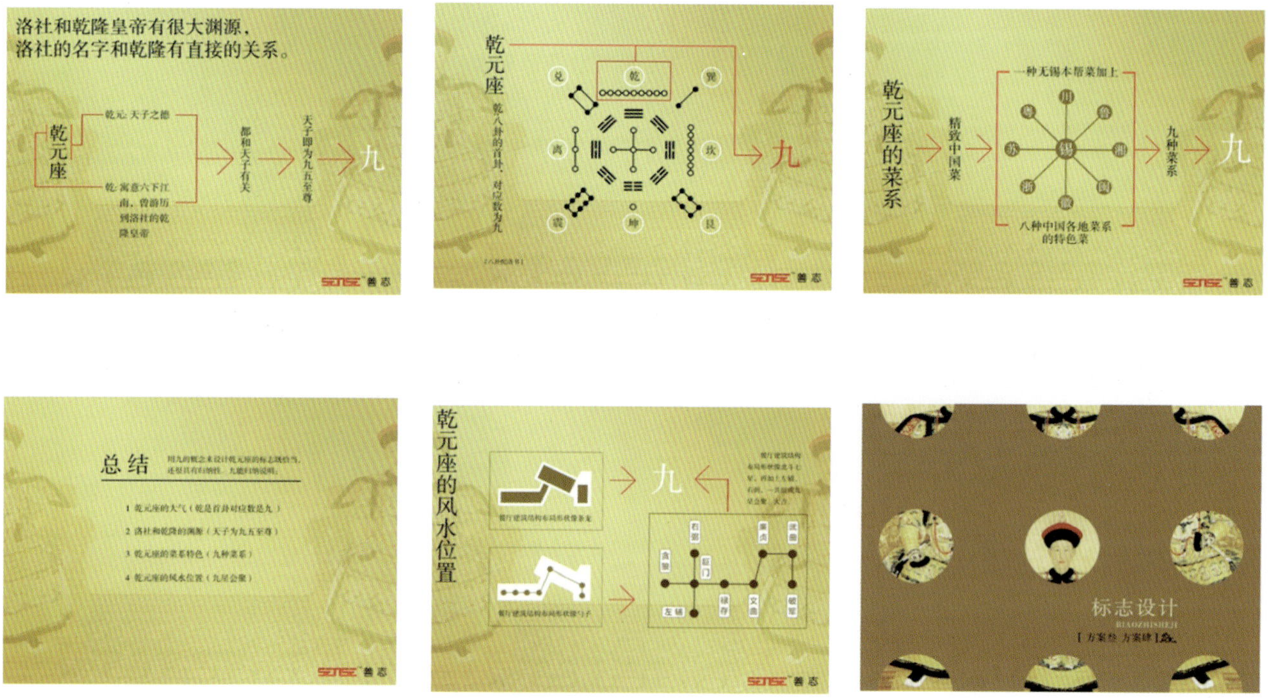

图 9-203　乾元座餐厅标志

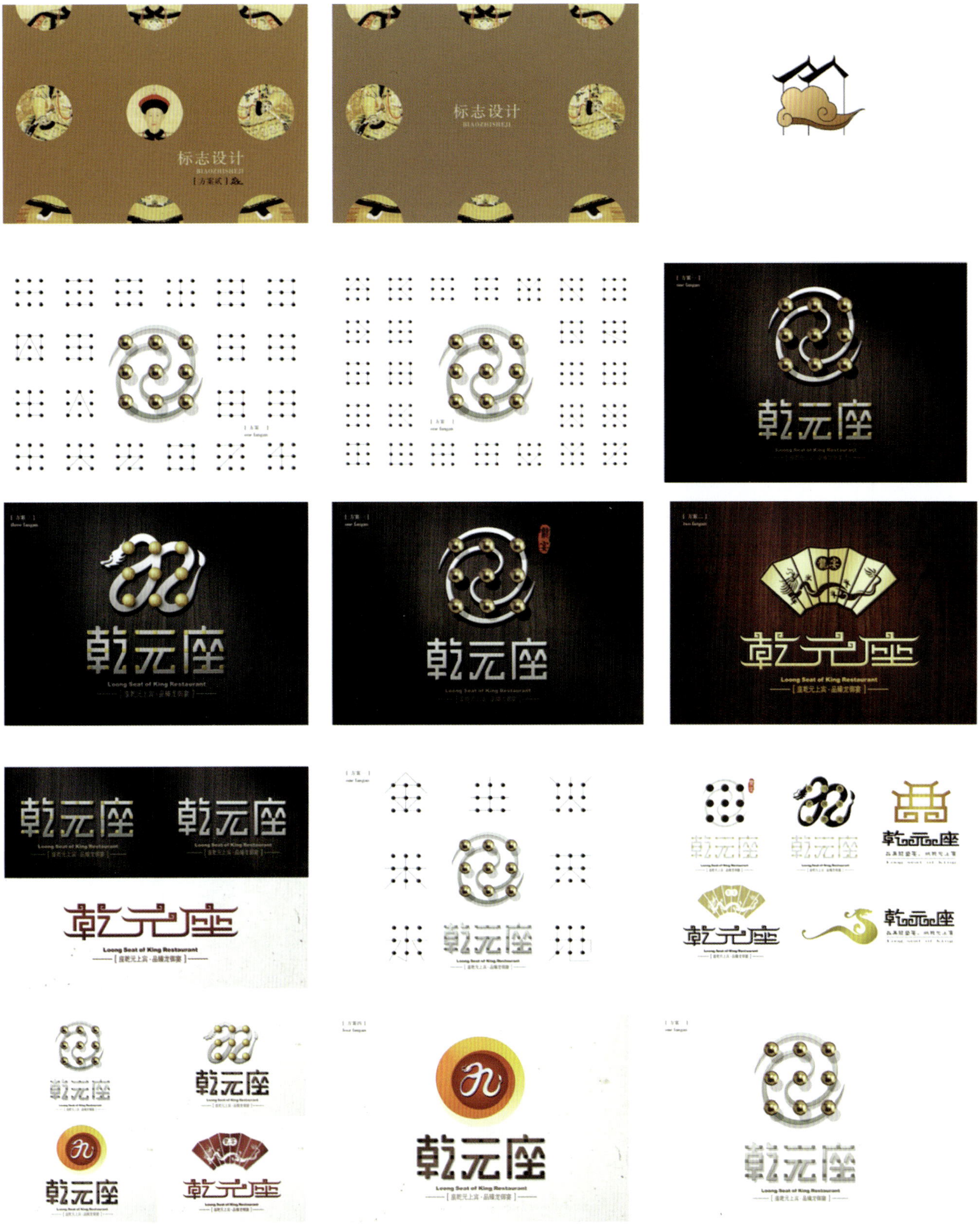

续图 9-203

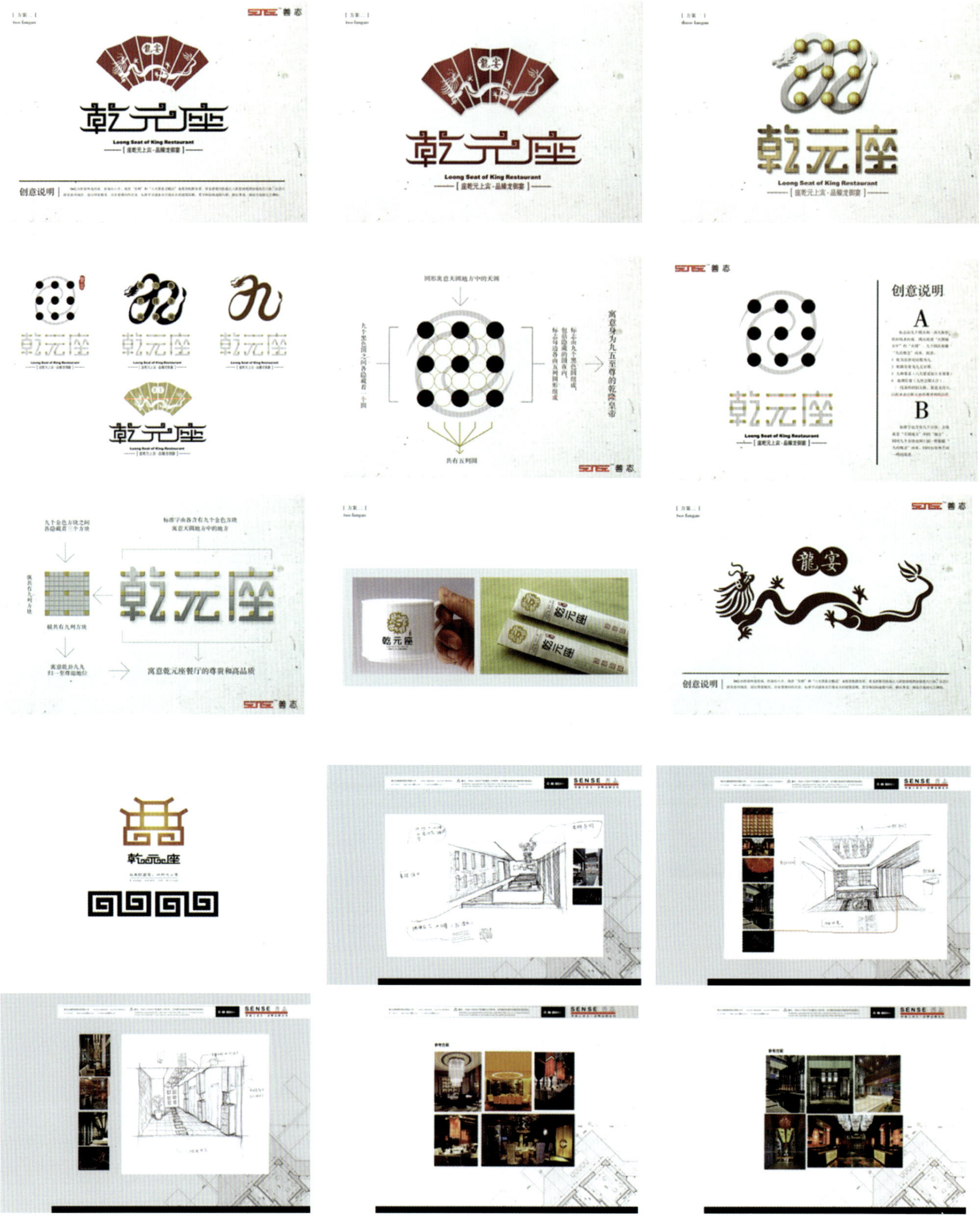

续图 9-203

图 9-204　公共设施 VI 设计

BLUESTAR
辅助标志
标准工艺:
标准尺寸:
公共区域
视觉设计
The visual design of public territory
辅助标志

BLUESTAR
兴业报国
公共区域
视觉设计
The visual design of public territory

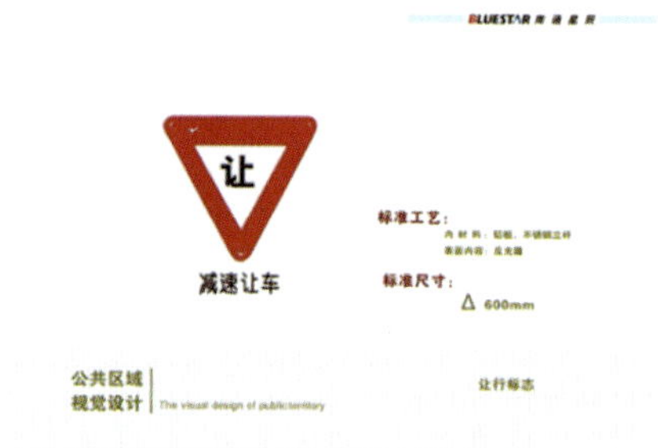
BLUESTAR
让
减速让车
标准工艺:
标准尺寸:
Δ 600mm
公共区域
视觉设计
The visual design of public territory
让行标志

BLUESTAR
单行路(向左或向右)
单行路(直行)
标准工艺:
标准尺寸:
公共区域
视觉设计
The visual design of public territory
单行线标志牌

BLUESTAR
行人通道线
标准工艺:
标准尺寸:
公共区域
视觉设计
The visual design of public territory
行人通道线

BLUESTAR
标准工艺:
标准尺寸:
公共区域
视觉设计
The visual design of public territory
导向箭头

BLUESTAR
立杆
标准工艺:
公共区域
视觉设计
The visual design of public territory
立杆

BLUESTAR
标准工艺:
标准尺寸:
公共区域
视觉设计
The visual design of public territory
禁火及禁烟牌

BLUESTAR
大字
标准工艺:
小字
公共区域
视觉设计
The visual design of public territory
文字

BLUESTAR 南 通 星 辰
禁鸣标志
5
标准工艺:
标准尺寸:
∅600mm
公共区域
视觉设计
The visual design of public territory
禁鸣标志

BLUESTAR 南 通 星 辰
10
BLUESTAR
热 媒 站
HTM Station
1500mm
20
BLUESTAR
环氧包装间
Epoxy Packing Room
楼号牌标准工艺:
楼号牌标准尺寸:
公共区域
视觉设计
The visual design of public territory
楼号牌

续图 9-204

图 9-205 龅牙兔 VI 设计

E01
D17
公告栏
D16
D16
D11
D11
D10
D09
D07
D06
D05
206
208
202
201
D04
洗手间
休息区
男
女
D03
龅牙兔儿童情商乐园
D02
C13
C12
龅牙兔儿童情商乐园

续图 9-205

C11
C09
C08
C07
C05
Confidence
Happiness
Teamwork
Independence
C06
C02
龅牙兔儿童情商乐园
C01
龅牙兔儿童情商乐园
B13
B12
B11
B10
B09
B08
学籍档案夹
B01
FAX
B03

续图 9-205

B02
A15
A14
A13
A-8
A-7
A-6
A-6
A-4
A-3
A-2
C04
C03
C02
G13
G12
龅牙兔儿童情商乐园
BI-TO EQ CAMP
龅牙兔

续图 9-205

G11
G10
G09
G08
G07
G06
G05
G04
G03
G02
G01
F03
F02
F01
E05
E04
趣牙兔儿童情商乐园

续图 9-205

E03
E02
I04
I03
I02
I01
H07
H06
H05
H04
H03
H02
H01
G16
G15
G14
龅牙兔儿童情商乐园
TEL:025-83323590
http://www.pngm.com

续图 9-205

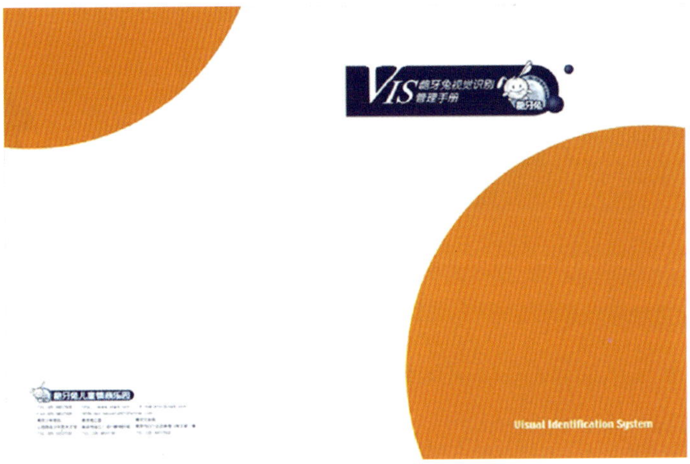

续图 9-205

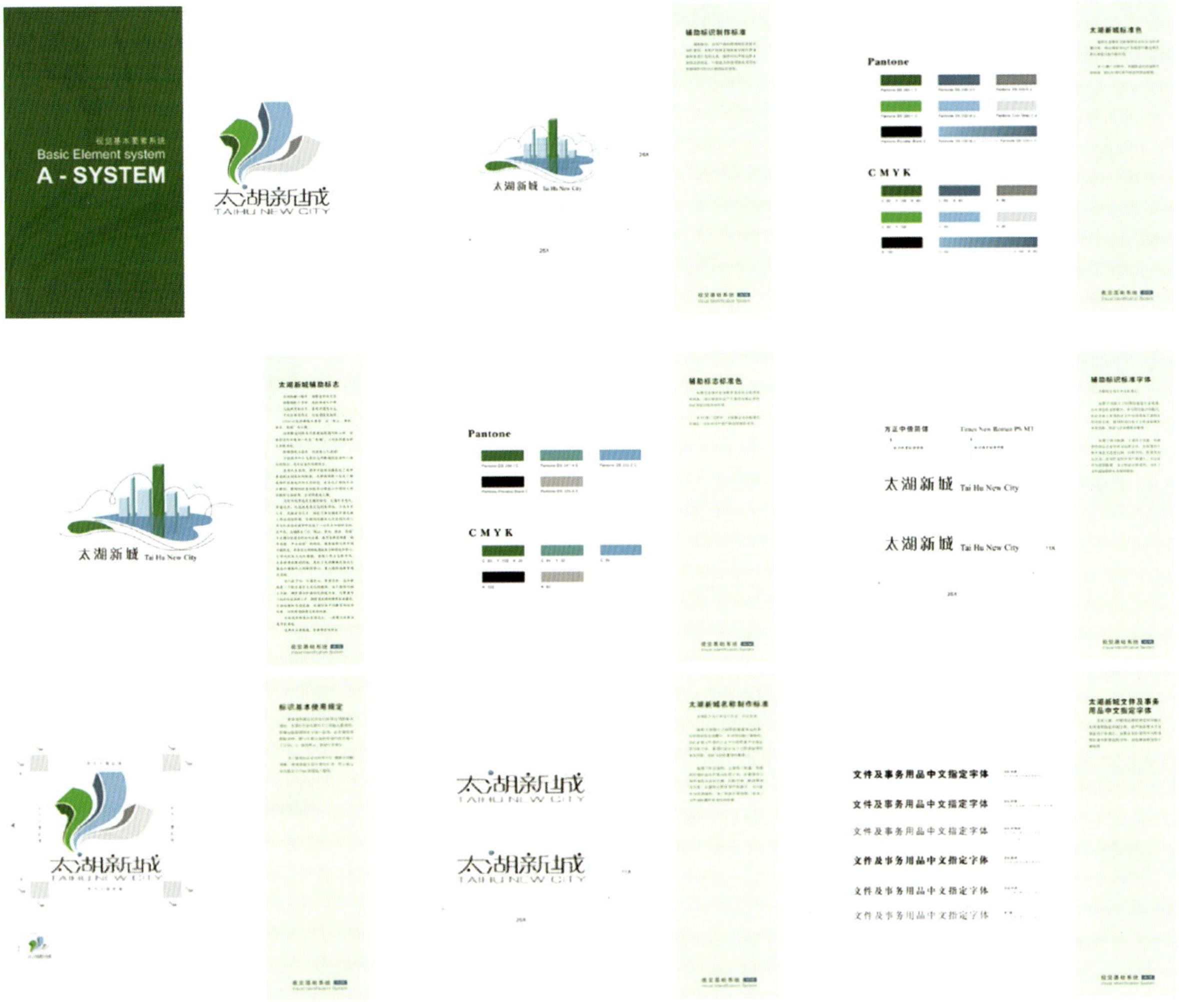

图 9-206 无锡太湖新城 VI 设计

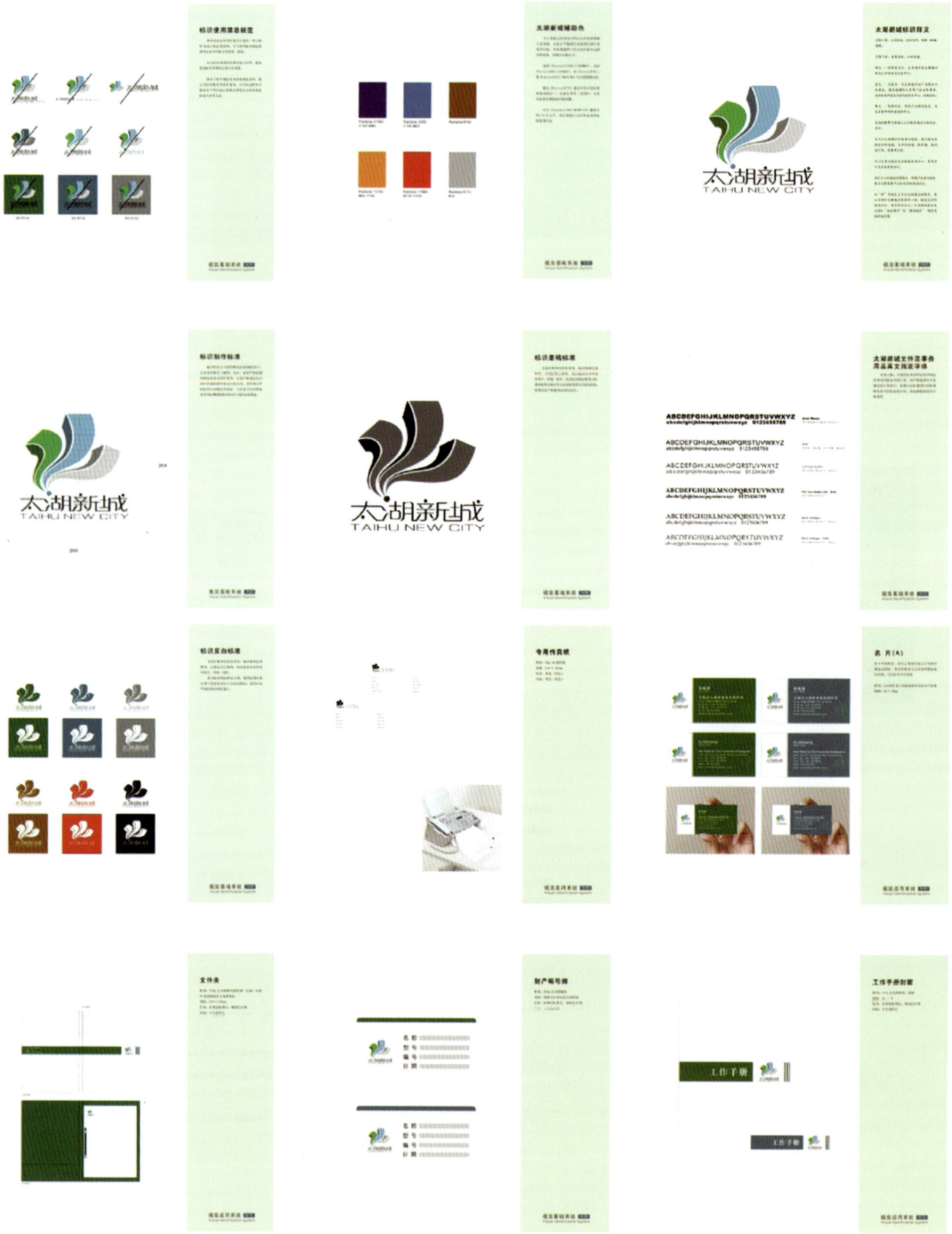

续图 9-206

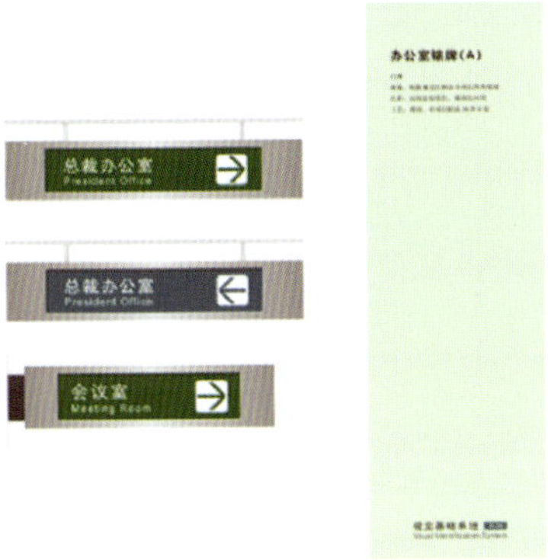
总裁办公室
President Office
总裁办公室
President Office
会议室
Meeting Room

意见箱
意见箱
意见箱

邀请函及信封

公文袋

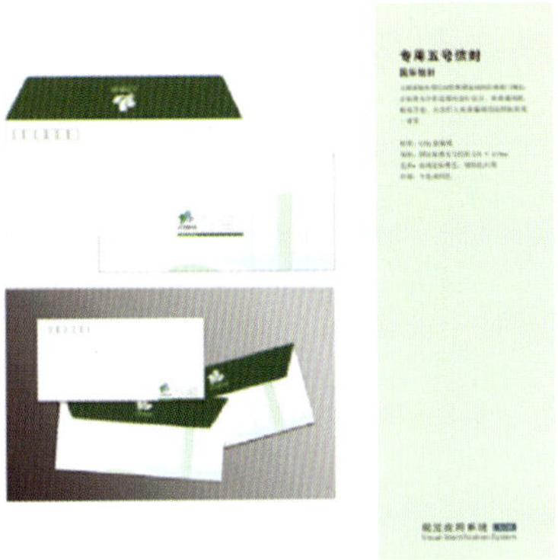
专用五号信封
国际信封

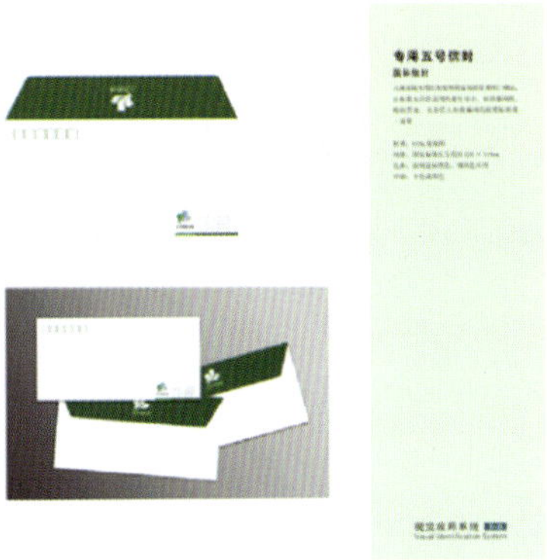
专用五号信封
国际信封

信纸(国际)

信纸(国内)

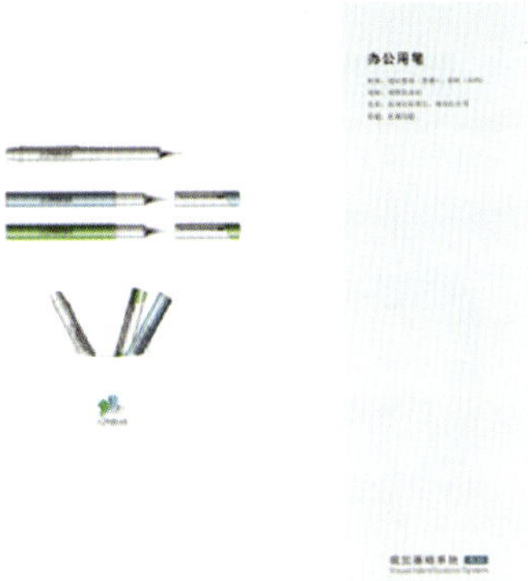
办公用笔

笔记本

合同书

金奖
银奖
铜奖
奖 牌

续图 9-206

荣誉市民证书
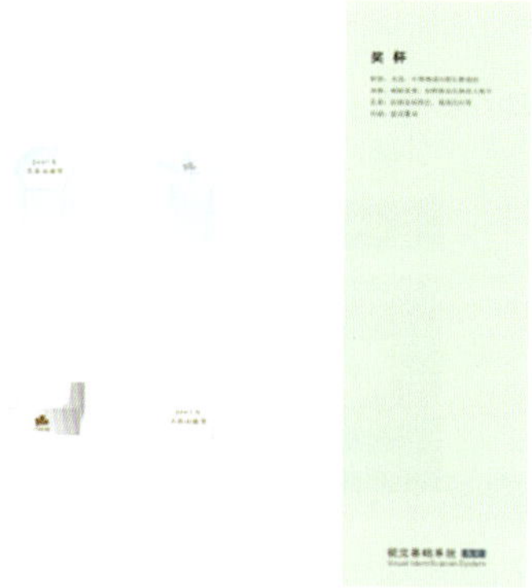

Certificate of Merit
荣誉证书

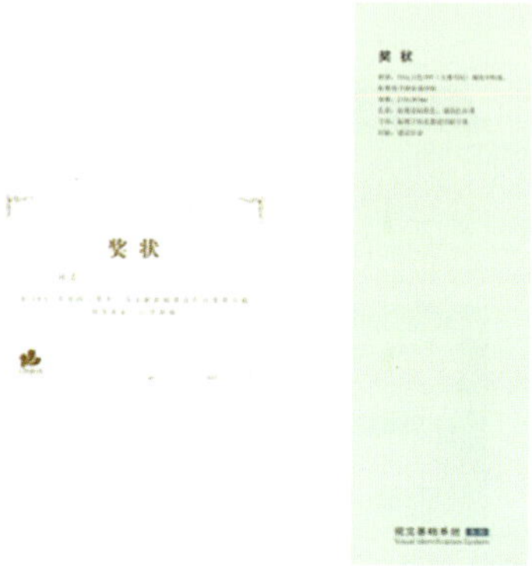
奖 状
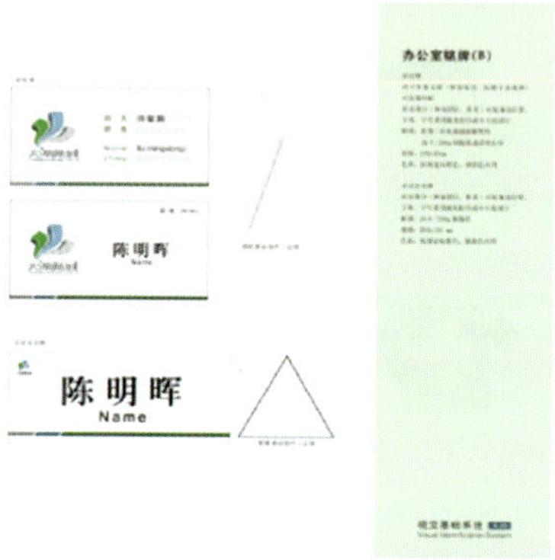
陈明晖
Name
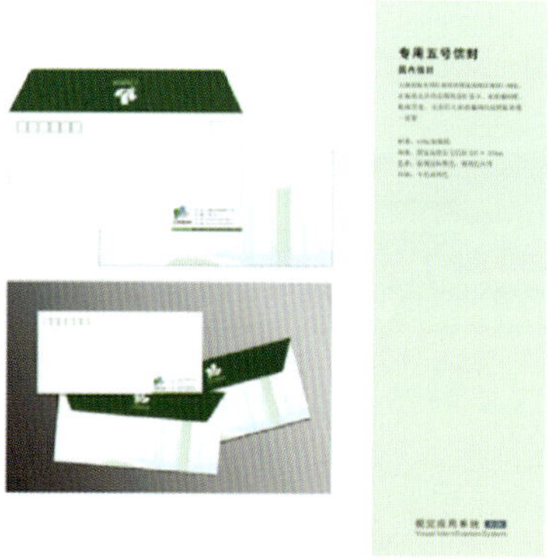

聘 请 书

Train Station

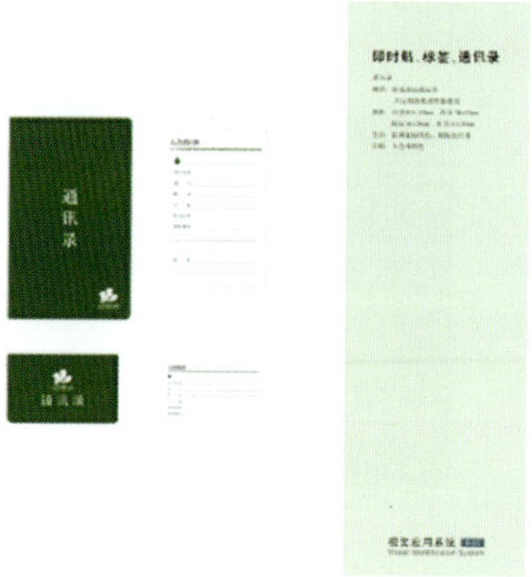

续图 9-206

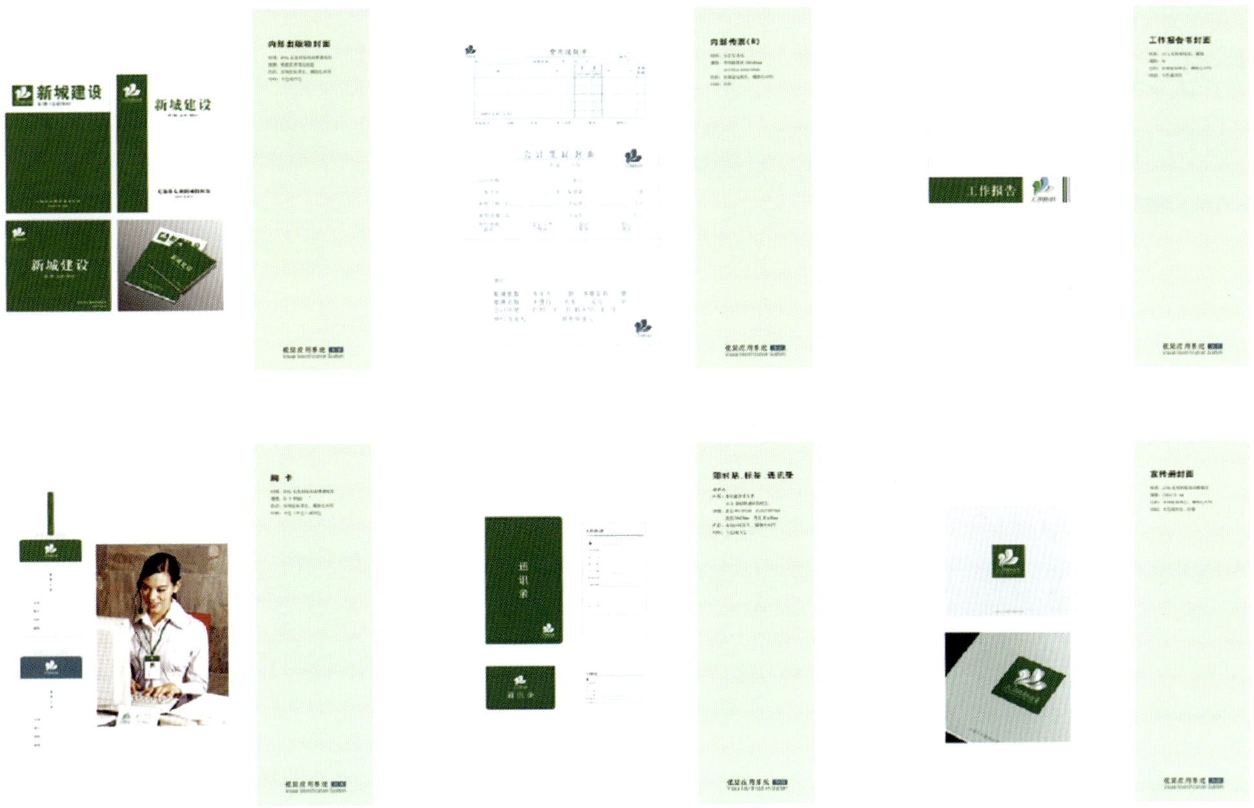

续图 9-206

参考文献
References

[1] 杨仁敏,李巍. CI 设计[M]. 重庆:西南师范大学出版社,2007.

[2] 许俊基,张百清,罗文坤,等. CIS 发展与国别模式——超值企业形象设计[M]. 黑龙江:黑龙江科学技术出版社,2002.

[3] 陈燕,陈敏,陈峻. CI 设计[M]. 上海:上海人民美术出版社,2007.

[4] 侯立平. 标志设计[M]. 北京:中国传媒大学出版社,2010.

[5] 宋泽惠. VI 设计项目教学[M]. 北京:中国水利水电出版社,2010.

[6] 刘瑛,徐阳. CIS 企业形象设计[M]. 武汉:湖北美术出版社,2009.

[7] 海贝视觉. 平面设计资料集——VI 设计及应用手册[M]. 北京:人民邮电出版社,2010.

[8] 崔生国. 标志设计基础[M]. 上海:上海人民美术出版社,2006.